Deje que Dios pelee sus batallas

JOYCE MEYER

Faith Words

New York, Boston, Nashville

Derivado del material previamente publicado como *La batalla es del Señor*.

FaithWords
Hachette Book Group
1290 Avenue of the Americas
New York, NY 10104
www.faithwords.com

Impreso en los Estados Unidos de América

WOR

Primera edición: Junio 2015
10 9 8 7 6 5 4 3 2 1

FaithWords es una división de Hachette Book Group, Inc. El nombre y el logotipo de FaithWords es una marca registrada de Hachette Book Group, Inc.

El Hachette Speakers Bureau ofrece una amplia gama de autores para eventos y charlas. Para más información, vaya a:
www.hachettespeakersbureau.com
o llame al (866) 376-6591.

International Standard Book
Number: 978-1-4555-3235-3

CONTENIDO

Pero ustedes no tendrán que intervenir en esta batalla. Simplemente, quédense quietos en sus puestos, para que vean la salvación que el Señor les dará. ¡Habitantes de Judá y de Jerusalén, no tengan miedo ni se acobarden! Salgan mañana contra ellos, porque yo, el Señor, estaré con ustedes.

2 Crónicas 20:17, NVI

Todos nosotros enfrentamos distintas batallas en nuestras vidas. Nadie se escapa de los problemas y desafíos, los cuales a menudo llamamos "las tormentas de la vida". Las buenas noticias son que Dios ya conoce lo que Él hará cuando enfrentamos las dificultades; Él tiene un plan donde nos dará la victoria. En 2 Crónicas 20 nos dice que no necesitamos pelear nuestras propias batallas porque nuestras batallas son del Señor, no nuestras. Todo lo que necesitamos hacer es tomar nuestra posición y permanecer ahí hasta que venga nuestra victoria.

¿Cuál es nuestra posición? Yo considero que es adorando a Dios.

Si nuestra fe no está puesta completamente en Dios, cada vez que una tormenta se levante en nuestras vidas, lo primero que sucede es que perdemos nuestra paz y comenzamos a sentir miedo. Nuestro enemigo, Satanás, introduce pensamientos de "y qué si" en nuestras mentes, y a menudo comenzamos a pensar que hasta tendremos el peor de los desenlaces. Tan pronto eso sucede, debemos darnos cuenta de lo que está pasando: El enemigo está tratando de impedir que cumplamos la voluntad de Dios y veamos los planes buenos que Él tiene para nosotros. Dios quiere que seamos totalmente libres de todo temor. Él no quiere que vivamos atormentados, y tampoco quiere que el temor nos detenga de hacer confiadamente lo que Él nos dirige a hacer. Cuando tenemos un entendimiento claro del perfecto amor incondicional de Dios por nosotros, realizamos que Él siempre tendrá cuidado de todo aquello que nos concierne. Tal conocimiento eventualmente nos libera del temor. En la medida que adquirimos más experiencias con Dios y vemos que siempre Él nos cuida y provee de aquello que necesitamos, comenzamos a tener más confianza.

> *En el amor no hay temor, sino que el perfecto amor echa fuera el temor; porque el temor lleva en sí castigo. De donde el que teme, no ha sido perfeccionado en el amor.*
>
> 1 Juan 4:18

Dios se mueve en nuestro favor cuando nos enfocamos en Él en lugar de nuestros miedos. Los pensamientos o sentimientos de temor son nada más que tentativas del enemigo para distraernos de Dios y su voluntad para nuestras vidas. En ocasiones, podemos sentir temor en nuestras vidas, pero podemos confiar en Dios, y si necesitamos hacer algo aun cuando nos sentimos atemorizados, podemos hacerlo. Esta teoría de "hacerlo con todo y miedo" es algo que Dios comenzó a enseñarme muchos años atrás. Lo pude ver cuando Él le dijo a Josué "no temas" (Josué 8:1), le estaba advirtiendo, de hecho, que el temor trataría de detenerlo de cumplir el plan de Dios para su vida; que en lugar de que el temor lo controlara, necesitaba ser fuerte y armarse de valor, y seguir adelante. Él necesitaba pelear y ganar la batalla contra el temor para que así pudiera experimentar la victoria de cumplir el plan de Dios y disfrutar todo lo que Dios tenía para él.

> *Pues Dios no nos ha dado un espíritu de temor, sino un espíritu de poder, de amor y de buen juicio.*
>
> 2 Timoteo 1:7, DHH

Cuando sentimos temor o comenzamos a tener pensamientos atemorizantes, lo primero que debemos hacer es orar. A menudo digo: "Ore por cualquier cosa y no tema a nada". Debemos ponernos la meta de buscar a Dios hasta que sepamos que hemos vencido nuestros miedos mental y emocionalmente. Mientras buscamos a Dios, estamos enfocándonos en Él y no en nuestros temores. Le adoramos por quién es Él y expresamos nuestra gratitud por las bondades que Él ha hecho, está haciendo y continuará haciendo.

Dios tiene nuevas oportunidades y grandes cosas guardadas para nosotros. Para recibirlas, necesitamos dar pasos de fe. En ocasiones, eso significa hacer cosas que no sentimos hacerlas o que aun pensamos que no funcionarán. Nuestra confianza y reverencia hacia Dios debe ser mucho más de lo que pensamos, queremos o sentimos.

El enemigo nos presenta toda clase de tormentas en nuestras vidas. Él también trata de usar el temor en muchas formas diferentes para evitar que experimentemos todo lo que Dios tiene para nosotros. Aun cuando sintamos temor, necesitamos enfocarnos en Dios. Él tiene un plan de batalla para nosotros, y Él nos dará el valor y la fe para recibir la paz, las victorias y las bendiciones que Él tiene para nosotros.

En este libro, usted leerá mucho sobre la alabanza y la adoración, y quizá se pregunte cuál será la diferencia entre ambas. Creo que una de las maneras de explicarlo es que alabamos a Dios por todos sus actos maravillosos, y le adoramos por quién es Él. Si nuestras vidas están llenas a plenitud de ambas, veremos a Dios pelear nuestras batallas por nosotros y experimentaremos victorias jubilosas.

PARTE 1

EL PLAN DE BATALLA DE DIOS

CAPÍTULO 1

Fase 1:
Escuche directamente a Dios

En 2 Crónicas 20:1, varios tipos de "*itas*" vinieron contra el rey Josafat y el pueblo de Judá: los moabitas y los amonitas. En otras partes del Antiguo Testamento, están también los "*eos*": jebuseos, heteos, amorreos, ferezeos, heveos y cananeos. Todos eran enemigos del pueblo de Dios. En este tiempo, como creyentes, enfrentamos algunas clases de "*itas*" y "*eos*": temor-*eos*, enfermedad-*itas*, ansiedad-*itas*, pobreza-*itas*, inseguridades-*itas*, rechazo-*eos*, y muchos otros.

Así que déjeme preguntarle algo: ¿Le persiguen los "*itas*" y "*eos*"? ¿Cuántas cosas vienen contra usted ahora mismo? Para ayudarle a que conozca cómo lidiar con ellos, veamos lo que el rey Josafat hizo cuando enfrentó a sus enemigos. Él volvió su atención a Dios en lugar de enfocarse en todos los "*itas*" que trataban de derrotarlo, destruirlo y tomar su reino.

> *Y acudieron algunos y dieron aviso a Josafat, diciendo: Contra ti viene una gran multitud del otro lado del mar, y de Siria; y he aquí están en Hazezon-tamar, que es En-gadi. Entonces él tuvo temor; y Josafat*

1

humilló su rostro para consultar a Jehová, e hizo pregonar ayuno a todo Judá.

2 Crónicas 20:2-3

Cuando Josafat escuchó que los *"itas"* venían contra él, lo primero que hizo fue atemorizarse. Pero entonces hizo algo más: humilló su rostro para consultar a Jehová. Determinó escuchar a Dios, y hasta proclamó ayuno por toda la tierra por tal motivo. Él sabía que necesitaba escuchar a Dios. Necesitaba un plan de batalla, y sólo Dios podría darle uno que garantizaría la victoria.

La primera fase del plan de batalla de Dios es combatir el temor escuchando a Dios. Romanos 10:17 nos enseña que "la fe es por el oír, y el oír, por la palabra de Dios". Este versículo no se refiere a la palabra escrita de Dios, pero a la palabra hablada de Dios, llamada *rema* en griego (el idioma original del Nuevo Testamento). En otras palabras, cuando escuchamos la palabra de Dios, la fe inunda nuestros corazones y se lleva el temor. Josafat sabía que tenía que escuchar a Dios, y usted y yo tenemos esa misma necesidad.

Dios nos puede hablar dándonos una paz interna, dándonos una idea creativa, calmando nuestras emociones revueltas, o llenando nuestros corazones con una seguridad absoluta de que todo estará bien en cierta situación. En el 1989, yo necesité escuchar a Dios de esas maneras.

Fui al médico para un examen de rutina. Él descubrió un pequeño nódulo en mi seno y quiso hacerme una biopsia de inmediato. No pensé que sería algo serio, pero el resultado mostró un tipo de cáncer agresivo, y los doctores recomendaron altamente una cirugía inmediata.

Recuerdo caminar por el pasillo de mi casa, acosada por el temor tan fuertemente que sentía que podría caerme al piso. Sentía que mis rodillas realmente colapsarían. Cada noche cuando iba a la cama, me era difícil quedarme dormida. Cuando podía dormir, no era un sueño bueno o reparador, sino todo lo contrario. Casi a menudo, despertaba, y cuando lo hacía, los temores se apoderaban de mi mente.

Cáncer es una palabra que casi siempre trae consigo gran temor. No importa cuántos amigos o familiares me dijeron que Dios tendría cuidado de todo, todavía batallaba con el temor, hasta que una mañana bien temprano, cerca de las tres de la mañana, Dios me habló muy adentro de mi corazón y me dio la seguridad absoluta de que Él tendría cuidado de mí. Después de eso, no volví a experimentar esa repugnante e incapacitante sensación de temor otra vez.

Luego de mi cirugía, estuve inquieta mientras esperaba por los resultados de las pruebas de mis nódulos linfáticos para ver si iba a necesitar tratamiento adicional. Pero me mantenía creyendo que estaba en las manos de Dios, y cualquier cosa que sucediera, Él tendría cuidado de mí.

Todo resultó que no necesitaría tratamiento adicional. Nos dimos cuenta, de hecho, que por medio de la detección temprana, Dios había salvado mi vida. Terminé siendo agradecida en lugar de ser temerosa.

Busque a Dios, no al método

Cuando Josafat escuchó que un gran ejército se estaba reuniendo para venir contra Judá, él supo lo que haría y lo que no haría. Él no buscó el consejo de otras personas: amigos, familiares o aun de sus sabios consejeros militares; él fue determinado en escuchar a Dios. Josafat probablemente había luchado en otras batallas antes, pero ¿por qué no simplemente usó algunos de los métodos que había usado antes? No importa cuántas veces algo ha funcionado en el pasado, puede que en la crisis actual no funcione a menos que Dios le confiera algo fresco o una nueva estrategia. Él puede permitir que un método viejo sea efectivo, pero también Él puede darnos una dirección que antes no teníamos. Debemos siempre buscar a Dios, no a los métodos.

Dios usa métodos, pero ellos no tienen el poder a menos que Él obre a través de ellos. Enfocarse en un método es tan insensato e inefectivo como enfocarnos en nuestros temores. Nuestro enfoque, nuestra fuente de provisión, debe ser Dios, y solamente Dios. Nuestras respuestas no están en los métodos, están en la relación con Dios.

✒ Josafat sabía que a menos que oyera a Dios, estaría vencido. Esa necesidad de oír al Señor fue lo que la *Amplified Bible* en inglés llama su "vital necesidad" (2 Crónicas 20:3). Algunas cosas las hacemos sin ella, pero otras son necesarias y vitales. Josafat sabía que la dirección de Dios era vital.

Usted puede estar en una situación similar a la de Josafat. Usted, igualmente, puede necesitar una palabra o una dirección clara de parte de Dios. Puede que usted sienta que, como la persona que se está ahogando, está a punto de desfallecer. Puede estar necesitando desesperadamente una palabra de parte del Señor si va a sobrevivir.

Cobre aliento. Dios quiere hablarle aun más de lo que usted quiere escuchar de Él. Búsquelo a Él, no al método, dándole su tiempo y la atención necesaria, y no se arrepentirá.

Muéstrele a Dios su sinceridad

Josafat proclamó ayuno a todo Judá, y el pueblo se reunió para pedir la ayuda de Dios, unidos de todo corazón.

> *Y se reunieron los de Judá para pedir socorro a Jehová; y también de todas las ciudades de Judá vinieron a pedir*

ayuda a Jehová. Entonces Josafat se puso en pie en la
asamblea de Judá y de Jerusalén, en la casa de Jehová,
delante del atrio nuevo; y dijo: Jehová Dios de nuestros
padres, ¿no eres tú Dios en los cielos?

2 Crónicas 20:4-6

Josafat proclamó un ayuno para mostrar su sinceridad a Dios. Cuando tenemos un problema, es bueno que pasemos tiempo adicional con Dios, quizá usar el tiempo que pasamos comiendo o viendo televisión para orar y buscar la sabiduría de Dios. En lugar de pasar una tarde con sus amigos hablándoles de sus problemas y pidiéndoles consejo, utilice ese tiempo para ir donde Dios primero. Estos tipos de acciones muestran que usted sabe que oír a Dios es vital. He aprendido que *buscar* significa perseguir, desear e ir tras algo con todas tus fuerzas. En otras palabras, una persona que busca es como el hambriento en búsqueda de alimento para poder mantenerse vivo. El proceso de búsqueda es así de intenso.

Dígale a Dios sobre Él mismo

En lugar de presentar su problema inmediatamente al Señor, Josafat comenzó a decirle al Señor sobre cuán poderoso era Él. Tornó su enfoque en el Señor en lugar de mantenerlo en su problema.

Jehová Dios de nuestros padres, ¿no eres tú Dios en
los cielos, y tienes dominio sobre todos los reinos de las

naciones? ¿No está en tu mano tal fuerza y poder, que no hay quien te resista?

2 Crónicas 20:6

En lugar de decirle a Dios solamente de nuestros problemas, necesitamos decirle sobre Él mismo, acerca de quién es Él, acerca del poder de su nombre y del poder de la sangre de su hijo Jesús, acerca de las grandes cosas que Él ha hecho y las que Él puede hacer. Luego de que lo hayamos alabado y adorado en esa forma, podemos comenzar a mencionarle nuestros problemas. Debemos entrar a la presencia de Dios con acción de gracias y venir ante su trono con alabanza (ver Salmo 100:4).

Cuando pienso sobre esto, pienso sobre mis hijos. No me gustaría que entraran corriendo por la puerta de la casa y me dijeran lo que necesitan sin siquiera decirme: "Hola, mamá, ¿cómo estás?". No quisiera que ellos pasaran tiempo conmigo o me prestaran atención sólo cuando tienen problemas. Yo quiero que compartan tiempo conmigo más a menudo. El mismo principio aplica a todos nosotros con respecto a Dios. No queremos ser personas que sólo lo buscan cuando estamos en problemas, sino que necesitamos tener comunión con Él todo el tiempo.

Dios llamó a Abraham su amigo. Eso es lo que yo deseo ser también: una persona que pasa tiempo con

Él cuando las cosas van bien y cuando no lo están. El Señor no sólo es nuestra solución a los problemas; Él es nuestro todo, y necesitamos relacionarnos con Él de esa manera.

"Ahora, Señor, mira nuestros problemas"

Si prestamos atención a lo que el Señor está diciendo a través de 2 Crónicas 20:7-11, aprenderemos algo que cambiará nuestro plan de batalla. Nos dará una nueva manera de lidiar con nuestros problemas por el resto de nuestras vidas y abrir el camino para obtener victoria tras victoria.

> *Dios nuestro, ¿no echaste tú los moradores de esta tierra delante de tu pueblo Israel, y la diste a la descendencia de Abraham tu amigo para siempre? Y ellos han habitado en ella, y te han edificado en ella santuario a tu nombre, diciendo: Si mal viniere sobre nosotros, o espada de castigo, o pestilencia, o hambre, nos presentaremos delante de esta casa, y delante de ti (porque tu nombre está en esta casa), y a causa de nuestras tribulaciones clamaremos a ti, y tú nos oirás y salvarás. Ahora, pues, he aquí los hijos de Amón y de Moab, y los del monte de Seir, a cuya tierra no quisiste que pasase Israel cuando venía de la tierra de Egipto, sino que se apartase de ellos, y no los destruyese; he aquí ellos nos dan el pago viniendo a arrojarnos de la heredad que tú nos diste en posesión.*
>
> 2 Crónicas 20:7-11

Luego de comenzar su oración reconociendo cuán grande, formidable, poderoso y maravilloso es el Señor, Josafat empezó a relatar sobre actos específicos que Dios había ejecutado en el pasado para proteger a su pueblo y sostuvo las promesas que Él les hizo a ellos. Y al final de su petición, empezó a expresar su confianza en que el Señor manejaría el problema. Josafat básicamente dijo: "Ah, por cierto, nuestros enemigos vienen contra nosotros para tratar de quitarnos la posesión de nuestra herencia. Yo pensé mencionarte este pequeño problema. Pero tú eres tan grandioso, que sé que ya tú lo tienes todo bajo control". A menudo he escuchado que nuestras alabanzas deben superar nuestras peticiones, y estoy totalmente de acuerdo.

Nosotros podemos y debemos siempre pedirle a Dios por nuestras necesidades, pero no creo que todo nuestro tiempo de oración deba consumirse en aquello que necesitamos. Debemos siempre incluir la alabanza, la adoración, la acción de gracias, y la intercesión por otros.

Dios tiene un plan para nuestra liberación antes que nuestros problemas aparezcan. A Él no le sorprende cuando el problema se presenta. Él no está en el cielo ansioso tratando de ver qué puede hacer. Él está en control. Nuestra parte es enfocarnos en Él y su maravilloso poder, adorarlo y alabarlo por la manifestación de su solución, y escuchar la palabra de dirección de parte de Él.

CAPÍTULO 2

Fase 2:
Admita su dependencia de Dios

¡Oh Dios nuestro! ¿No los juzgarás tú? Porque en nosotros no hay fuerza contra tan grande multitud que viene contra nosotros; no sabemos qué hacer, y a ti volvemos nuestros ojos.

2 Crónicas 20:12

La segunda fase del plan de batalla de Dios para Josafat se encuentra en 2 Crónicas 20:12. Aquí Josafat le admitió a Dios abiertamente su completa inhabilidad para lidiar con el problema.

Como Josafat, necesitamos darnos cuenta que no podemos solucionar los problemas que enfrentamos en la vida. No tenemos las respuestas para cada pregunta. No sabemos cómo lidiar con cada situación que enfrentamos. No somos diferentes a Josafat en eso; hay momentos en donde simplemente no sabemos qué hacer. En lugar de dar vueltas tratando de ver cómo solucionamos las cosas que no podemos solucionar hasta terminar completamente frustrados y agotados, necesitamos permitirle a Dios hacer por nosotros lo que no podemos hacer por nosotros mismos.

Por años, traté arduamente de cambiarme a mí

misma sin ningún éxito. Traté afanosamente por mucho tiempo de romper con malos hábitos, solo para fracasar una y otra vez. Traté de alterar las cosas en mi vida de manera diferente, de hacer que mi ministerio creciera y que fuera sanada. Constantemente estaba batallando contra mis "*itas*". Recuerdo haber querido darme por vencida simplemente porque estaba tan exhausta de tratar de pelear mis propias batallas.

Seguía tratando, sin éxito, cada vez hasta que un día me puse un poco melodramática al respecto, tratando de impresionar a Dios con lo miserable que me sentía. Dije algo así como: "Dios, ya no puedo más. Hasta aquí llegué. Se acabó. Nada de lo que hago está funcionando. Me doy por vencida. No voy a hacer esto más".

En ese preciso momento, dentro de mí, sentí la voz del Espíritu Santo diciéndome: "¿De veras?".

Era casi como si Él estuviera emocionado. Quizás sea porque, a menudo, el único momento que Él puede obrar en nosotros es cuando llegamos a estar tan exhaustos que finalmente decidimos rendir todo a Dios.

Tratar de hacer lo que Dios solamente puede hacer nos agotará bien rápido. ¿Por qué no dejar a un lado su propio esfuerzo y seguir el ejemplo de Josafat? Admítale a Dios que usted no tiene fuerza para enfrentar a sus enemigos y no sabe qué hacer, sino que busca su dirección y liberación.

Tres cosas bien importantes hizo Josafat. La primera, él reconoció que no tenía fuerza para luchar contra sus enemigos. La segunda, él admitió que no sabía qué hacer. Y tercera, dijo que sus ojos se volvían a Dios. Diciendo estas tres cosas, Josafat se colocó a sí mismo en posición de recibir un milagro.

Total dependencia en Dios

Jesús dijo: "...porque separados de mí nada podéis hacer" (Juan 15:5). La primera vez que leí este versículo, aún no había empezado a darme cuenta de cuán cierto es. Era una persona muy independiente, y Dios comenzó a resaltarme esta escritura en mis primeros pasos de mi caminar con Él. Una de las claves para recibir algo de parte de Dios es una total dependencia en Él. Sin fe, no podemos agradar a Dios (ver Hebreos 11:6). La fe es el canal por el cual nosotros recibimos de Él, y la *Amplified Bible* en inglés describe esa fe sincera como la inclinación de toda la personalidad humana en una confianza absoluta "en su poder, sabiduría y bondad" (2 Timoteo 1:5).

Tenemos que apoyarnos, confiar y depender enteramente en Dios, tomando todo el peso de nuestras cargas y problemas de nosotros mismos y poniéndolo todo sobre Él. Piense de este modo: Cuando me desplomo en un cómodo sillón, estoy poniendo mi total dependencia en que ese sillón me sostendrá. Tomo todo el peso de mí misma y lo pongo todo en ese sillón. Es increíble que muchas veces confiemos más en un sillón que en Dios. A menudo decimos que nos apoyamos en Dios, y quizás lo hacemos parcialmente, pero se nos hace difícil apoyarnos *completamente* en Él. En ocasiones, tenemos un plan alterno en caso de que Dios no llegue a tiempo.

Veamos un resumen de lo que sabemos hasta ahora acerca de cómo Josafat obtuvo las directrices para pelear su batalla cuando los *"itas"* vinieron contra él. Sabemos que él mismo se propuso buscar a Dios y hasta comenzó a ayunar. Sabemos que empezó a hablar con Dios sobre su increíble bondad y fidelidad. Y sabemos que no le mencionó el problema a Dios hasta *después* que lo alabó y adoró. Luego que hizo todas esas cosas, él abiertamente admitió su total dependencia en Dios. Él dijo que a menudo se nos hace duro tener que decir: "No sé qué hacer".

Josafat no se sintió débil o inepto cuando no supo qué hacer, ni tampoco nosotros deberíamos. Él le dijo a Dios: "No sabemos qué hacer, y aun si lo supiéramos, no tendríamos la fuerza para hacerlo". Al decir esto con sinceridad, se colocó a sí mismo en una posición de total dependencia en Dios. Él lo hizo al inicio de la batalla, enseñándonos que mientras más pronto confiemos totalmente en Dios, más pronto vendrá nuestra victoria.

Sin la ayuda de Dios no podremos cambiar nada en nuestras vidas. No podemos cambiarnos a nosotros mismos, nuestros cónyuges, nuestras familias, nuestros amigos o nuestras circunstancias. Verdaderamente, separados de Dios, nada podemos hacer que pudiera tener un valor duradero y se haga de forma correcta.

A menudo tratamos de descifrar las cosas que no nos competen aun con respecto a nuestra forma de pensar, y renunciamos a la paz y el gozo cuando no le damos a Dios el control total sobre nuestras vidas. Algunas cosas son simplemente muy difíciles para nosotros entenderlas, pero no hay nada difícil para Dios. Dios es infinito, mas nosotros somos seres humanos finitos con limitaciones. Dios tiene un conocimiento incomparable, pero el nuestro es limitado (ver 1 Corintios 13:9). Conocemos algunas cosas, pero no lo conocemos todo. Hay algunas cosas que solo necesitamos dejarla como están. Nunca podremos conocerlo todo, pero podemos madurar a un nivel donde estemos satisfechos con saber que hay Uno que sí lo conoce todo. Cuando llegamos a ese nivel, entramos en el descanso de Dios, el cual además libera el gozo en nuestras vidas.

Una de las declaraciones más liberadoras que podemos decir es: "Señor, yo no sé qué hacer, y aun si lo supiera, no podría hacerlo sin ti. Mis ojos están puestos en ti, Señor. Voy a esperar y ver lo que harás con respecto a esta situación, porque no hay absolutamente nada que yo pueda hacer al respecto, a menos que me des dirección".

Cuando somos enfrentados ante situaciones difíciles o imposibles, el enemigo puede susurrar una y otra vez en nuestras mentes: "¿Qué vas a hacer? ¿Qué vas a hacer ahora?". Nuestras amistades podrían decirnos: "Oí de tu situación. ¿Qué vas a hacer?".

Estos son los momentos donde debemos decir: "Yo voy a hacer lo que Josafat hizo. Voy a dejársela al Señor, y a esperar en Él. Él hará algo maravilloso, ¡y voy a disfrutar viendo lo que Él hará!".

Esperar en el Señor

Y todo Judá estaba en pie delante de Jehová, con sus niños y sus mujeres y sus hijos.

2 Crónicas 20:13

Yo creo que 2 Crónicas 20:13 es un "versículo poderoso" cuando lo aplicamos a nuestras vidas. Estar quietos es una acción desde la perspectiva divina, una acción espiritual. Usualmente nosotros tomamos acción en el ámbito natural, pero espiritualmente no hacemos nada, sino esperar en Dios y estar quietos ante Él. Josafat tomó una acción espiritual. Él estaba básicamente diciendo: "Señor, voy a esperar en ti hasta que tú hagas algo respecto a esta situación. Mientras tanto, voy a disfrutar mi vida mientras espero en lo que tú vas a hacer".

Disfrutar la vida mientras esperamos en lo que Dios hará no es ser irresponsables. Jesús dijo: "El ladrón no viene sino para hurtar y matar y destruir; yo he venido para que tengan vida, y para que la tengan en abundancia" (Juan 10:10).

Somos tentados a pensar que no hacemos nuestra parte si no nos preocupamos o tratamos de descifrar algún tipo de solución. Debemos resistir esa tentación porque ella impide nuestra liberación en vez de beneficiarla.

Confrontados por una fuerza abrumadora que descendía sobre ellos para tomarlos por esclavos y destruir su tierra, todo Judá vino y estuvo de pie ante el Señor. Mientras, todo ese tiempo el enemigo les atacaba con pensamientos como: "Y tú ¿qué vas a hacer?", "Y tú ¿qué vas a hacer?".

Pero ellos sólo estaban de pie, esperando en el Señor.

En Isaías 40:31 leemos: "...*pero los que esperan a Jehová tendrán nuevas fuerzas; levantarán alas como las águilas; correrán, y no se cansarán; caminarán, y no se fatigarán*". Podemos necesitar las fuerzas que acumulamos durante esta espera, para ejecutar lo que Dios nos ordene hacer, en el momento en que nos lo indique. Quienes esperan en el Señor son los únicos que reciben respuestas y que tienen suficientes fuerzas para seguir la dirección de Dios, una vez que la reciben.

Esperar por respuestas

Y estaba allí Jahaziel hijo de Zacarías, hijo de Benaía, hijo de Jeiel, hijo de Matanías, levita de los hijos de Asaf,

sobre el cual vino el Espíritu de Jehová en medio de la
reunión; Y dijo: Oíd, Judá todo, y vosotros moradores de
Jerusalén, y tú, rey Josafat. Jehová os dice así: No temáis
ni os amedrentéis delante de esta multitud tan grande,
porque no es vuestra la guerra, sino de Dios.

2 Crónicas 20:14-15

Cuando todo Judá estaba reunido ante el Señor, uno de ellos comenzó a profetizar. El Espíritu de Jehová vino sobre él porque todos ellos estaban esperando en Dios.

Cuando aprendemos a buscar a Dios y a esperar en Él, nos dará una respuesta, que puede ser muy directa y sencilla. Dios le dijo a Judá que no temieran porque la guerra no era de ellos, sino de Él. Eso no suena muy místico ni con mucha profundidad espiritual, pero era lo que necesitaban oír.

¡Qué buena habrá sido la noticia para Josafat y el resto del pueblo: "...no es vuestra la guerra, sino de Dios". Eso no significaba que ellos no tendrían que hacer nada; sino que Dios iba a señalarles su parte. Ellos podrían hacerla en la fuerza y sabiduría del Señor, pero la batalla era de Él y la victoria también.

Luego de esa palabra de aliento, siguió otra de instrucción, como veremos más adelante. Debemos esperar en el Señor hasta que Él nos haya dicho lo que vamos a hacer —y luego, hacerlo en sus fuerzas, que hemos acumulado mientras esperábamos en Él.

CAPÍTULO 3

Fase 3:
Tome su posición

Mañana descenderéis contra ellos; he aquí que ellos subirán por la cuesta de Sis, y los hallaréis junto al arroyo, antes del desierto de Jeruel. No habrá para qué peleéis vosotros en este caso; paraos, estad quietos, y ved la salvación de Jehová con vosotros. Oh Judá y Jerusalén, no temáis ni desmayéis; salid mañana contra ellos, porque Jehová estará con vosotros.

2 Crónicas 20:16-17

Este pasaje enseña al pueblo de Judá la posición que debe tomar para la batalla. Siempre pensé que su posición y la nuestra era estar quietos. Aunque esto es cierto, había otra orden igualmente importante. Luego de recibir aquel mandato del Señor, Josafat se inclinó sobre sus rodillas, el rostro en tierra, y adoró (ver el versículo 18). ¡Wao! La adoración era la posición que le correspondía en ese momento, y en esa adoración también podía estar quieto. La posición reverente de poner el rostro en tierra es una postura de combate. Estar de rodillas con las manos levantadas es una postura de combate.

David dijo de Dios que Él "adiestra mis manos para la batalla" (Salmo 144:1). Yo creo que a él se le enseñó a levantar las manos en adoración y rendición al Señor, y se dio cuenta de que ésa era una postura de combate. Quizás cuando David tocaba sus instrumentos musicales, sus dedos estaban peleando. Alabanza, adoración, cántico, la Palabra de Dios, gozo: todas estas cosas son armas de guerra.

Nuestras armas no son carnales

Porque las armas de nuestra milicia no son carnales, sino poderosas en Dios para la destrucción de fortalezas.

2 Corintios 10:4

Nuestras armas no son naturales. No son algo que el mundo pueda entender, ni que se pueda ver operando en el campo de lo natural. Pero en el reino de Dios, ellas operan. Cuando los israelitas iban a la guerra, generalmente enviaban a Judá al frente del ejército. ¿Por qué? Porque Judá representaba la alabanza. Iban a la batalla con sus adoradores delante de ellos.

Al igual que los israelitas, debemos aprender a pelear a la manera de Dios, no a la del mundo. Efesios 6:12 dice: "Porque no tenemos lucha contra sangre y carne, sino contra principados, contra potestades, contra los gobernadores de las tinieblas de este siglo, contra huestes espirituales de maldad en las regiones celestes". En otras palabras, nuestra guerra no es contra la gente (carne y sangre); es contra Satanás, el enemigo de nuestras almas. Por lo tanto, tomamos la posición de batalla en el campo espiritual cuando nos mantenemos firmes en nuestro lugar y adoramos al Señor.

Efesios 6:13-14 también nos dice: *"Por tanto, tomad toda la armadura de Dios, para que podáis resistir en el día malo, y habiendo acabado todo, estar firmes. Estad, pues, firmes . . ."*.

Estar firmes significa entrar o habitar en el reposo de Dios. No es descansar físicamente, sino espiritualmente. Cuando me paro firme en mi lugar, me rehúso a ceder. Persevero en la convicción de que Dios me dará la salida. Estoy habitando (permaneciendo continuamente) en Él.

En la lucha contra nuestros enemigos espirituales, nuestra posición está en Cristo. Es habitar y descansar en Él. Es darle alabanza y adoración. Cuando se enfrente con alguna crisis y no sepa qué hacer, siga las instrucciones que Dios les dio a Josafat y a su pueblo: Tome su posición (adoración); párese firme y vea la salvación del Señor. Cálmese. Dígale a su mente que no intente buscar respuestas, y concéntrese en Dios. Abra su boca, y cante las alabanzas que sienta en su corazón. En el Salmo 32:7, Dios dice que nos dará cánticos de liberación. Dios los da, pero nosotros debemos cantarlos para que sean efectivos contra las fuerzas del maligno.

La adoración a Dios no es una práctica reservada

para las reuniones de la iglesia, sino también como adoración privada en nuestra vida diaria. No siempre podemos postrarnos, levantar nuestras manos o cantar en alta voz; quizá estemos en lugares donde es inapropiado. Pero en nuestros corazones siempre podemos adorar, en cualquier momento y en cualquier lugar.

Postrarse, levantarse, adorar a Dios

Entonces Josafat se inclinó rostro a tierra, y asimismo todo Judá y los moradores de Jerusalén se postraron delante de Jehová, y adoraron a Jehová. Y se levantaron los levitas de los hijos de Coat y de los hijos de Coré, para alabar a Jehová el Dios de Israel con fuerte y alta voz.

2 Crónicas 20:18-19

Trate de imaginar lo que ocurrió en esta situación. Primero, todo el mundo se postró para adorar al Señor. Una posición de humillación ante Él. Luego, algunos de ellos se pusieron de pie y comenzaron a alabar a Dios *"con fuerte y alta voz"*.

Pienso que postrarse ante el Señor es algo que necesitamos hacer regularmente, así como ponerse en pie para adorarle. No es necesario que nos enfrasquemos en cuáles posturas o posiciones son correctas, pero sí necesitamos adorar a Dios consistentemente, porque creemos que Él merece nuestra adoración y porque nuestros corazones rebosan de amor y reverencia hacia Él.

Si tiene un negocio que está pasando por problemas financieros y usted está en una situación donde ya no sabe qué hacer, le recomiendo que vaya a su oficina, cierre la puerta, arrodíllese, alce sus manos y agradezca a Dios porque Él es bueno y Él tiene cuidado de todos sus problemas. Incluso puede hacer esto varias veces al día, especialmente cuando comience a sentirse abrumado.

Crea y permanezca firme

Y cuando se levantaron por la mañana, salieron al desierto de Tecoa. Y mientras ellos salían, Josafat, estando en pie, dijo: Oídme, Judá y moradores de Jerusalén. Creed en Jehová vuestro Dios, y estaréis seguros; creed a sus profetas, y seréis prosperados.

2 Crónicas 20:20

Luego que hubo adorado y alabado al Señor, el pueblo salió a encontrarse con su enemigo. Note que salieron a encontrarse con el enemigo *después* de haber adorado y alabado, no antes.

Mientras salían, Josafat les recordó que debían tener presente la palabra que el Señor les había dado el día antes, y no dudar de ella. Quizá algunos de nosotros necesitemos recordar algo que el Señor nos ha dicho en el pasado. Dios puede darnos una palabra de consuelo o dirección, y nos entusiasmamos, nos llenamos de fe, y nos sentimos audaces y capaces a conquistar al enemigo.

Pero también puede suceder que la hayamos olvidado, especialmente si ha pasado mucho tiempo y no se ha cumplido, en cuyo caso será necesario volver a acordarnos de ella. Por ejemplo, el Nuevo Testamento nos relata una historia donde Timoteo se sentía temeroso y desanimado, pero Pablo lo animó a recordar las palabras de la profecía que le fue dada en el momento de su ordenación (ver 1 Timoteo 4:14; 2 Timoteo 1:6-7).

Josafat dijo al pueblo que creyera a sus profetas y que recordara la palabra dada por el profeta el día anterior, que la guerra no era de ellos sino de Dios. El enemigo le susurrará toda clase de mentiras, pero la palabra de Dios es verdadera. Acuda a la Palabra escrita de Dios o a una palabra personal que Él le haya dado en algún momento, y recuerde que Dios no puede mentir. Sus promesas son seguras, y puede depender de ellas. Permanezca firme en la fe, y será liberado.

Cante alabanzas y dé gracias

Y habido consejo con el pueblo, puso a algunos que cantasen y alabasen a Jehová, vestidos de ornamentos sagrados, mientras salía la gente armada, y que dijesen: Glorificad a Jehová, porque su misericordia es para siempre.

2 Crónicas 20:21

En este versículo se encuentra la esencia de esta fase del plan de batalla de Dios para Josafat y su pueblo, y aun para nosotros: Cantar al Señor; alabarlo y glorificarlo, darle gracias a Él. Mientras iban a la guerra, el pueblo ofrecía alabanzas diciendo: *"¡Glorificad a Jehová, porque su misericordia es para siempre!"*.

Cantar y glorificar a Dios dándole gracias no parecería ser lo adecuado en el momento del problema; pero créanme, eso es exactamente lo que debemos hacer. Muchas cosas carecen de sentido para nosotros, pero no significa que no debamos hacerlas. Confiamos tanto en lo que nuestras mentes nos dicen que no nos damos cuenta que nuestro patrón de pensamientos ha sido programado erróneamente por tantos años de operar en el sistema de pensamiento del mundo. Por eso Romanos 12:2 nos enseña que debemos renovar continuamente nuestras mentes con la Palabra de Dios, para que comprobemos cuál sea su buena voluntad para nuestras vidas.

Permítame darle un ejemplo de cuánta efectividad tiene la alabanza a Dios mientras atravesamos una situación difícil.

Años atrás estaba teniendo fuertes dolores de cabeza, por lo que el doctor me recetó algunas medicinas. La medicina me hizo sentir como si un tren de carga atravesara mi cabeza. Realmente escuchaba un rugido tan fuerte dentro de ella, que me parecía que me estaba volviendo loca.

Había tomado el medicamento durante un día, y

esa noche cuando me fui a la cama no podía dormir. Estaba enferma del estómago; sentía en la cabeza el rugido más el dolor, y el enemigo me atacaba con mentiras. En mi familia había antecedentes de enfermedad mental y Satanás estaba tomando ventaja de eso, diciéndome que estaba perdiendo la razón. Mientras todo esto me estaba pasando cerca de las dos de la mañana, mi esposo Dave dormía. La casa estaba bien silenciosa y me sentía completamente sola con mi dolor. Creí que iba a vomitar, así que me levanté y fui al baño.

Sentada en el piso del baño con la cabeza apoyada en el asiento del inodoro, escuché claramente al Espíritu Santo que me decía: "Canta".

Me sentía deprimida, con ganas de llorar, miserable y, además, enojada con mi esposo Dave, porque él seguía durmiendo mientras yo estaba sufriendo. Pero sabía que si yo verdaderamente estaba esperando una respuesta de parte de Dios, necesitaba obedecerle y nos dejarme llevar por mis sentimientos.

Mientras me preguntaba qué cantar, pensé en un himno antiguo que no había escuchado desde hacía años, titulado *"A solas con Jesús"*. Me hacía acordar de Jesús y cómo sufrió en el Huerto de Getsemaní. Seguramente, si Él pudo soportarlo, yo también podía. Obedeciendo a Dios, abrí mi boca y comencé a croar la canción. En poco tiempo, comencé a sentirme mejor y pude irme a la cama y me dormí.

Espero que este ejemplo le haya animado a cantarle a Dios cuando el problema llega a su vida. Josafat pudo haber sentido lo mismo que yo en el piso de aquel baño, miserable y quizás queriendo darse por vencido, pero él fue obediente a Dios, y esa fue la clave para vencer a su enemigo.

Solo adore

Cuando tengamos una necesidad en nuestra vida, vayamos a Dios en actitud de adoración en lugar de estar rogándole que la supla. Santiago 4:2 declara que no tenemos lo que deseamos porque no pedimos. Así que podemos pedir, para que nuestra necesidad sea conocida, pero no de un modo mendicante. Somos cristianos, no mendigos.

Mateo 6 nos enseña que cuando oremos no usemos vanas repeticiones, las mismas frases una y otra vez, pensando que seremos escuchados por toda nuestra palabrería. La calidad es mucho más importante que la cantidad. A menudo, tenemos la idea errónea de que mientras más largas sean las oraciones más efectivas resultarán, pero no es cierto.

Personalmente, creo que muchas veces decimos tanto que ya ni sabemos lo que queríamos pedir al principio. De hecho, yo me he encontrado diciendo tantas cosas en la oración que me confundí. Hace unos años, Dios estuvo tratando esto conmigo, y me desafió a que comenzara a pedirle lo que deseaba y necesitaba de una manera sencilla, usando la menor cantidad posible de palabras. Eso requirió que aprendiera una nueva disciplina, pero comencé a hacerlo. Luego utilizo el resto de mi tiempo esperando en su presencia o simplemente adorándolo a Él. He encontrado que esto es mucho más refrescante y efectivo. En ocasiones, me doy cuenta de que vuelvo a mi antiguo método, pensando que 'más' es 'mejor', pero el Señor vuelve a recordarme que la sencillez es poderosa.

Creo que la mejor manera de ver que nuestras necesidades son cubiertas, es pedir lo que queremos o necesitamos, y luego adorar a Dios porque Él es lo que necesitamos. Él no sólo nos da lo que necesitamos, sino que Él es lo que necesitamos. Cuando necesitamos paz, Él es nuestra paz. Cuando necesitamos saber que somos limpiados, justos y sin culpa ante Él, Él es nuestra justificación. Cuando necesitamos gozo y fortaleza, Él es nuestro gozo y su gozo nos da fortaleza.

Me he dado cuenta de que cuando adoro a Dios por uno de sus atributos, veo que ese atributo es liberado a mi vida. Si necesitamos misericordia, debemos comenzar a alabar y adorar a Dios por su misericordia. Si necesitamos provisión o recursos financieros, debemos comenzar a alabar y adorar a Dios porque Él ya nos ha prometido que nunca careceremos de ningún bien (ver Salmo 84:11). Cualquier cosa que necesite, lo mejor que puede hacer es orar, alabar y adorer a Dios. En la medida que recuerde su necesidad en los próximos días y semanas, agradezca a Dios que ya Él ya escuchó su oración y está en el proceso de obrar en su situación. Dele gracias por las buenas cosas que ya vienen en camino.

Liberación a través de la adoración

Algunas veces estamos bajo tanta presión mental o emocional que sentimos que necesitamos algo de liberación. La adoración trae esa liberación. Mientras adoramos al Señor, vamos soltando esa carga de emociones y pensamientos que nos afligen. En la medida que nos enfocamos en la inmensidad y grandeza de Dios, esa carga comienza a desvanecerse.

Le animo a que empiece su adoración temprano en la mañana, incluso antes de levantarse de su cama. Adore mientras se prepara para el trabajo; adore mientras se dirige a cumplir sus obligaciones. Si hace eso, se asombrará al ver cómo las cosas comienzan a cambiar en su hogar y en su trabajo por la manera en que Dios comienza a obrar. La adoración se enfoca en la persona de Dios, su carácter, bondad, fidelidad, gracia, amor, y en muchos otros atributos maravillosos.

La murmuración, el descontento y la manía de criticar, o ser negativo, crean una atmósfera propicia para que el enemigo actúe. Pero la adoración hace exactamente lo contrario; crea una atmósfera donde Dios puede obrar.

La adoración nos transforma. Cuando comenzamos a adorar a Dios por los cambios que está haciendo en nosotros, notamos que esos cambios empiezan a manifestarse más y más, y experimentamos nuevos niveles de la presencia de Dios, su poder y bondad en nuestras vidas. Mientras adoramos, estamos en posición de recibir estas cosas y todo lo que Dios tiene para nosotros.

CAPÍTULO 4

Fase 4:
El Señor trae la liberación

Y cuando comenzaron a entonar cantos de alabanza, Jehová puso contra los hijos de Amón, de Moab y del monte de Seir, las emboscadas de ellos mismos que venían contra Judá, y se mataron los unos a los otros.

2 Crónicas 20:22

Este versículo nos dice que mientras el pueblo de Judá cantaba alabanzas a Dios, Él hizo que sus enemigos cayeran en sus propias emboscadas y se mataran unos a otros. La alabanza hizo confundir al enemigo.

¡Extraordinaria noticia! El pueblo de Dios determinó buscar a Dios en lugar de vivir atemorizado. Le expresaron a Dios lo grandioso que es; no se movieron, sino que esperaron en Él. Dios les envió un profeta con una palabra, diciéndoles que la guerra no era de ellos sino suya. Les ordenó que tomaran sus posiciones y estuvieran firmes. Ellos alabaron y adoraron. Josafat escogió cantores para que cantaran y alabaran, y el Señor derrotó a sus enemigos confundiéndolos de tal forma, ¡que se mataron unos a otros!

En el libro de los Jueces vemos otro ejemplo de

liberación que Dios hace a través de un plan de batalla, que en lo natural, no funcionaría.

> Levantándose, pues, de mañana Jerobaal, el cual es Gedeón, y todo el pueblo que estaba con él, acamparon junto a la fuente de Harod; y tenía el campamento de los madianitas al norte, más allá del collado de More, en el valle. Y Jehová dijo a Gedeón: El pueblo que está contigo es mucho para que yo entregue a los madianitas en su mano, no sea que se alabe Israel contra mí, diciendo: Mi mano me ha salvado. Ahora, pues, haz pregonar en oídos del pueblo, diciendo: Quien tema y se estremezca, madrugue y devuélvase desde el monte de Galaad. Y se devolvieron de los del pueblo veintidós mil, y quedaron diez mil.

> Jueces 7:1-3

Gedeón estaba enfrentando una gran batalla, pero en lugar de decirle a Gedeón que le daría más hombres, Dios le dice que tiene demasiados como para darle la victoria. Es interesante ver que, en ocasiones, Dios obra mejor a través de nuestras debilidades que a través de nuestras fortalezas. Hay oportunidades en que estamos obteniendo demasiadas cosas en lo natural como para que Dios, además, nos dé la victoria. No podemos esperar el milagro de nadie más, sino de Dios. Dios le estaba diciendo a Gedeón que eran demasiado fuertes en sí mismos, así que quería llevarlos a una posición en la que debieran depender totalmente de Él.

Permita que el temeroso regrese a casa

El Señor instruyó a Gedeón para que todos los hombres que tuvieran temor, regresaran a sus casas; veintidós mil de ellos lo hicieron, quedando sólo diez mil para enfrentar a todo un ejército.

Eso nos dice que eran más los hombres que tenían miedo, que quienes no lo tenían. ¿Cuántas veces Dios pone en nuestro corazón algo para hacer, pero se presenta el temor y comenzamos a titubear y nos volvemos indecisos? Dios dice: *"No temas, porque yo estoy contigo"* (Isaías 41:10). Esta es la razón número uno por la que no tenemos que doblegarnos ante el temor ni permitirle que controle nuestro destino. Dios está con nosotros y nos protegerá si ponemos nuestra confianza en Él.

> *Y Jehová dijo a Gedeón: Aún es mucho el pueblo; llévalos a las aguas, y allí te los probaré; y del que yo te diga: Vaya éste contigo, irá contigo; mas de cualquiera que yo te diga: Este no vaya contigo, el tal no irá. Entonces llevó el pueblo a las aguas; y Jehová dijo a Gedeón: Cualquiera que lamiere las aguas con su lengua como lame el perro, a aquél pondrás aparte; asimismo a cualquiera que se doblare sobre sus rodillas para beber. Y fue el número de los que lamieron llevando el agua con la mano a su boca, trescientos hombres; y todo el resto del pueblo se dobló sobre sus rodillas para beber las aguas. Entonces Jehová dijo a Gedeón: Con estos*

*trescientos hombres que lamieron el agua os salvaré, y
entregaré a los madianitas en tus manos; y váyase toda
la demás gente cada uno a su lugar.*

Jueces 7:4-7

Cuando leí por primera vez este pasaje, me preguntaba de qué se trata todo eso de arrodillarse y lamer el
agua, así que le pedí al Señor que me ayudara a enten-
derlo. Él me guió a buscar en las notas de otra Biblia
que normalmente no utilizo para proveerme una expli-
cación de ese incidente.

La escena pudo haber sido la siguiente: Todos los
hombres estaban sedientos. Cuando vieron el agua, algunos de ellos corrieron, se inclinaron sobre sus rodillas, metieron la cara en el agua y comenzaron a beber.
Otros, en cambio, usaron sus manos como copas para
sacar agua y beber. Los que usaron sus manos para sacar
agua aún podían mirar a su alrededor y estar atentos al
enemigo mientras bebían. Estos permanecieron alertas y
listos para hacer su trabajo mientras que los demás sólo
pensaron en satisfacer su sed y no prestaron atención a
lo que sucedía a su alrededor. Estaban tan emocionalmente absortos en mitigar su sed que perdieron la oportunidad de ser parte del milagro que Dios haría.

Así como estos soldados, podemos estar tan ocu-
pados en nuestras propias necesidades, que perdemos
la voluntad de Dios para nuestras vidas. Los trescientos

hombres que bebieron el agua con sus manos mostraron sabiduría, diligencia, y la disposición de estar atentos a sus alrededores, pendientes al enemigo mientras satisfacían su sed. Esta es la clase de gente que Dios escoge para trabajar con ellos.

Mantenga su vista fija en Dios

Y habiendo tomado provisiones para el pueblo, y sus trompetas, envió a todos los israelitas cada uno a su tienda, y retuvo a aquellos trescientos hombres; y tenía el campamento de Madián abajo en el valle. Aconteció que aquella noche Jehová le dijo: Levántate, y desciende al campamento; porque yo lo he entregado en tus manos. Y si tienes temor de descender, baja tú con Fura tu criado al campamento, y oirás lo que hablan; y entonces tus manos se esforzarán, y descenderás al campamento. Y él descendió con Fura su criado hasta los puestos avanzados de la gente armada que estaba en el campamento. Y los madianitas, los amalecitas y los hijos del oriente estaban tendidos en el valle como langostas en multitud, y sus camellos eran innumerables como la arena que está a la ribera del mar en multitud. Cuando llegó Gedeón, he aquí que un hombre estaba contando a su compañero un sueño, diciendo: He aquí yo soñé un sueño: Veía un pan de cebada que rodaba hasta el campamento de Madián, y llegó a la tienda, y la golpeó de tal manera que cayó, y la trastornó de arriba abajo, y la tienda cayó.

Jueces 7:8-13

Aquí vemos nuevamente a Gedeón recibiendo la palabra que necesitaba de Dios, que esta vez venía en forma de sueño. Gedeón tenía mucha necesidad de ese aliento, ya que su ejército de treintidós mil hombres se había reducido a un puñado de sólo trescientos. El ejército enemigo era tan inmenso que parecía como la arena del mar. El sueño le hacía saber a Gedeón que su pequeño ejército no derrotaría a su enemigo por medios naturales, sino que Dios les daría la victoria por medios sobrenaturales.

Cuando estudié este pasaje de la Biblia, aprendí que el pan de cebada era considerado inferior en muchas maneras al pan hecho con "harina cernida". Pero en el sueño de Gedeón el pan de cebada era suficiente para darle la victoria. El Señor le demostró a Gedeón que si un pan de cebada insignificante podía ser usado para aplastar el campamento enemigo, él también podía ser usado por Dios. El Señor no estaba tratando de menoscabar a Gedeón, sino simplemente estaba tratando de llevarlo a la posición en que todos debemos estar: reconocer que sin Dios, nada podemos hacer. Esta historia nos debe animar, como a Gedeón, que no necesitamos los mejores recursos de acuerdo al estandar del mundo para ganar nuestras batallas. Todo lo que debemos hacer es mantener nuestra vista fija en Dios.

Hace poco estuve en un gran evento en Tulsa,

Oklahoma. Se celebró con el fin de alcanzar a los pobres y necesitados en la ciudad, y me habían pedido que hablara. El evento se realizó en un estadio de béisbol de pequeñas ligas, y el podio estaba en el área del *home plate*. También estaba lloviendo ese día, por lo que la gente que asistiera se iba a mojar, a menos que trajeran paraguas, y la mayoría de ellos no los tenían. Yo me iba a mojar también, pero estaba dispuesta a hacerlo solo si la gente venía. Dios me recordó otra vez cuando en otra ocasión Él llenó la casa a pesar de la lluvia y confié en que Él podía hacerlo de nuevo. Diez mil personas se presentaron, y toda la actividad de alcance para la gente necesitada de allí fue un gran éxito.

Las malas circunstancias no detienen a Dios. Él puede liberar con muchos o con pocos, y Él puede tener éxito en tiempo de sequía o de lluvia.

Cuando los compañeros de Gedeón regresaron, supieron que Dios había hablado, y después de compartir las buenas nuevas con Gedeón, ellos adoraron.

Reciba la palabra y adore

Y su compañero respondió y dijo: Esto no es otra cosa sino la espada de Gedeón hijo de Joás, varón de Israel. Dios ha entregado en sus manos a los madianitas con todo el campamento. Cuando Gedeón oyó el relato del sueño y su interpretación, adoró; y vuelto al campamento de Israel, dijo: Levantaos, porque Jehová ha entregado el campamento de Madián en vuestras manos.

Jueces 7:14-15

Tan pronto como Gedeón recibió la instrucción personal de Dios, comenzó a hablar de la batalla como si ya estuviera ganada. Empezó a alabar y adorar a Dios como si la victoria ya fuera un hecho. No esperó a ver los resultados de la batalla, sino que proclamó el triunfo del Señor.

Me asombra ver cuán a menudo la gente que Dios usa deja de adorar. Esto me ha enseñado una gran lección sobre cómo lidiar con las batallas de la vida, y oro para que haga el mismo efecto en usted.

En Éxodo 15, los israelitas cruzaron el Mar Rojo en seco, mientras sus enemigos perecieron ahogados. Una vez cruzaron al otro lado, cantaron una alabanza a Dios. Estaban todos emocionados, danzando y tocando sus tamborines. Cantaron por largo rato acerca de la grandeza de Dios, *después* de haber visto la manifestación de su poder. Cantaron la canción correcta, pero quizás la cantaron en el lado equivocado del río.

Ciertamente, podría ser una tragedia no alabar y adorar a Dios después de las victorias, pero el hecho de que los israelitas reconocieron el milagro que Dios hizo es bueno. Pero Gedeón hizo algo mejor que fue adorar a Dios *antes* de ver la victoria. Él sólo tuvo que oír y creer que la victoria venía de camino, y comenzó a adorar a Dios. Este tipo de fe obtiene la atención de Dios.

Deuteronomio 1:2 nos dice que el viaje de los israelitas a través del desierto hasta llegar a la Tierra Prometida les habría tomado cerca de once días. Sin embargo, les tomó cuarenta años.

Cuando echamos un vistazo al patrón de adoración de los israelitas, *después* de la liberación que Dios hizo, posiblemente podemos entender por qué anduvieron tanto tiempo por el desierto cuando intentaban hacer un viaje relativamente corto. Ellos adoraron luego de ver el milagro, pero la mayor parte del tiempo estaban murmurando y quejándose de sus circunstancias mientras deambulaban en círculos alrededor de las mismas montañas. Si hubieran cantado y adorado más a Dios, podrían haber cruzado el desierto y llegado a la Tierra Prometida mucho antes.

Debemos seguir el ejemplo de Gedeón, no el de los israelitas, y adorar a Dios antes de que Él obre a nuestro favor, creyendo que Él es por nosotros y confiando en que Él ganará nuestras batallas. ¡La adoración debe venir *antes* de la victoria, así como después de obtenerla!

Deje que el Señor pelee su batalla

Y repartiendo los trescientos hombres en tres escuadrones, dio a todos ellos trompetas en sus manos, y cántaros vacíos con teas ardiendo dentro de los cántaros. Y les dijo:

Miradme a mí, y haced como hago yo; he aquí que cuando yo llegue al extremo del campamento, haréis vosotros como hago yo. Yo tocaré la trompeta, y todos los que estarán conmigo; y vosotros tocaréis entonces las trompetas alrededor de todo el campamento, y diréis: ¡Por Jehová y por Gedeón! Llegaron, pues, Gedeón y los cien hombres que llevaba consigo, al extremo del campamento, al principio de la guardia de la medianoche, cuando acababan de renovar los centinelas; y tocaron las trompetas, y quebraron los cántaros que llevaban en sus manos. Y los tres escuadrones tocaron las trompetas, y quebrando los cántaros tomaron en la mano izquierda las teas, y en la derecha las trompetas con que tocaban, y gritaron: ¡Por la espada de Jehová y de Gedeón!

Jueces 7:16-20

Cuando Dios envió al pequeño ejército de Gedeón a combatir con el de los madianitas, muy superior en potencia y número, Él a propósito colocó algo en cada mano de cada hombre para que no pudieran pelear. De esa manera, ninguno podía sacar su espada y comenzar a pelear su propia batalla. Dios envió trescientos hombres quienes no tenían temor y estaban enfocados en lo que estaban llamados a hacer, y no pelearía su propia batalla. Tendrían que depender completamente de Él para pelear la batalla en su lugar. Todo lo que debían hacer era romper los cántaros, sostener las antorchas, y gritar: *"¡Por la espada de Jehová y de Gedeón!".*

En otras palabras, todo lo que tenían que hacer era mostrar la luz y alabar a Dios.

Las instrucciones de Dios a Gedeón fueron diferentes de las que se le dieron a Josafat. A pesar de que su intención era la misma: darles la victoria. Por eso, debemos buscar y escuchar a Dios por nosotros mismos. No podemos hacer algo sólo porque otra persona lo hizo; Dios nos dirige individualmente. Él nos dirigirá a aquello que funciona para nosotros, no necesariamente para lo que funciona en otro.

¿Qué sucedió?

Y se estuvieron firmes cada uno en su puesto en derredor del campamento; entonces todo el ejército echó a correr dando gritos y huyendo. Y los trescientos tocaban las trompetas; y Jehová puso la espada de cada uno contra su compañero en todo el campamento. Y el ejército huyó hasta Bet-sita, en dirección de Zerera, y hasta la frontera de Abel-mehola en Tabat.

Jueces 7:21-22

El resultado final de la batalla de Gedeón fue el mismo de Josafat. Cuando el ejército del Señor hizo lo que Dios le ordenó hacer, el enemigo comenzó a correr. Una vez más, cuando el plan de batalla de Dios se pone en acción por fe en Él, resulta en un éxito total.

PARTE 2

TRANSFORMADOS POR MEDIO DE LA ADORACIÓN

CAPÍTULO 5

No luche, adore

Porque no tenemos lucha contra sangre y carne...
Efesios 6:12

Cuando hacemos guerra espiritual, debemos recordar que los adversarios con quienes luchamos son Satanás y sus demonios, no sangre y carne: es decir, no peleamos contra otras personas, ni contra otros, ni contra nosotros mismos.

Probablemente nuestra mayor guerra es la que hacemos contra nosotros mismos, porque el enemigo es un maestro en tornar la gente a pelear contra ellos mismos. El conflicto nace de comparar el lugar donde estamos espiritualmente con aquel donde consideramos que deberíamos estar. Podemos lidiar, pensando que debimos haber alcanzado más de lo que hemos logrado en la vida. Podemos sentir que hemos fracasado en nuestros trabajos o relaciones, o en muchas otras áreas. Pero una cosa es cierta: No cambiaremos nada frustrándonos o peleando. Sólo Dios puede pelear nuestras batallas internas y triunfar.

Se hace muy difícil llegar al punto donde podamos ser honestos con nosotros mismos acerca de nuestras faltas, pecados y fragilidades, y a la vez se hace difícil entender que estamos bien con Dios por medio de la justicia que Jesús nos otorgó. Quiénes somos en Cristo es diferente de lo que hacemos.

Muchos cristianos irán al cielo porque han sido salvos, pero que nunca disfrutarán del viaje, pues no aprendieron a disfrutar ni de sus propias vidas ni de Dios. La razón por la que nunca disfrutan de sus vidas, es porque tienen un conflicto interno y privado consigo mismos por todas sus insuficiencias. La razón por la que nunca disfrutan de Dios, es porque sienten continuamente que Dios no está complacido con ellos, y hasta está enojado por sus flaquezas. Luchan continuamente consigo mismos, están en permanente guerra, siempre con el mismo conflicto.

Una vez hice un estudio titulado "¿Se ha convertido en una prueba para usted mismo?". Casi siempre estamos hablando de nuestras pruebas y problemas, pero a menudo los problemas más grandes somos nosotros mismos. Tenemos más problemas con nosotros mismos que con el diablo o con otras personas. Algunas veces somos nuestro peor enemigo, ¡pero hay buenas noticias! Podemos ser cambiados mientras adoramos y contemplamos a Dios; no en cómo nos vemos a nosotros mismos y nuestras flaquezas, sino en cómo lo vemos a Él.

Estamos cambiando

Por tanto, nosotros todos, mirando a cara descubierta
como en un espejo la gloria del Señor, somos transfor-
mados de gloria en Gloria en la misma imagen, como
por el Espíritu del Señor.

2 Corintios 3:18

La mayoría de nosotros queremos cambiar. Queremos
ver cambios en nuestra conducta y tener un continuo
progreso hacia donde nos queremos dirigir. Queremos
ser más estables emocionalmente o más amorosos, o
mostrar más del fruto del Espíritu. Queremos ser ama-
bles y buenos con las personas, aunque no sintamos ser
buenos o estar bien, o cuando no tengamos un día bueno.

No podemos hacer nada de eso en nuestras fuerzas,
pero Dios nos ha dado el Ayudador, el mismo Espíritu
Santo, para auxiliarnos en ser como Jesús. Mediante
el poder del Espíritu Santo que está en nosotros, podemos ser capaces de reflejar dulzura, bondad y ama-
bilidad, aunque las cosas no sean como esperamos.
Podemos ser capaces de mantener la calma cuando
todo a nuestro alrededor parece dar vueltas, cuando
todo parece conspirar contra nosotros para hacernos
impacientar, enojar y perder la serenidad.

Mucho antes de que mi hijo más pequeño sacara su
licencia de conducir, Dave y yo le ayudamos a conseguir un auto. Por supuesto, él esperaba ansioso poder

conducirlo lo antes posible. Como cualquier joven, había hecho planes para salir con su auto la primera noche que tuviera su licencia. Deseaba ir a la reunión de estudio bíblico de su grupo, en una área de la ciudad lejos de nuestra casa. Dave le había dicho que no quería que condujera esa noche, porque estaba nevando y era peligroso por la distancia.

Nos preguntó si al regresar del estudio bíblico podría salir con su auto, y le respondimos que posiblemente podría hacerlo. Pero a su regreso, nevaba copiosamente. Una vez más se sintió desilusionado cuando le dijimos que no podía sacarlo esa noche por el mal tiempo.

La mañana siguiente, las carreteras estaban muy resbaladizas y todavía seguía nevando. Dave se fue a su trabajo, y luego me llamó y me pidió que le dijera a nuestro hijo que no podía sacar el auto *todavía*. Ya en ese punto, nuestro hijo se puso furioso, aunque estaba segura de que, en lo profundo de su ser, él sabía que no era lo más prudente.

Le dije a mi hijo que se calmara. "Es un solo día de tu vida", le dije. "Ya tendrás muchos más para conducir tu auto".

Traté de explicarle cómo Dios nos prueba, nos estira y nos despliega a través de esas pruebas, a menudo preparándonos para futuras bendiciones. Mis palabras de ánimo no parecieron ayudar mucho, aunque sabía exactamente cómo se sentía, pues yo había pasado por eso cientos de veces. Probablemente, usted también.

Les cuento esta historia porque ésa es nuestra reacción normal cuando las cosas no salen como queremos. Nuestras emociones se exaltan y comienzan a volar en todas direcciones.

Uno de mis objetivos personales es mantener la serenidad cuando las cosas no salen a mi manera. He mejorado muchísimo a través de los años, pero puedo asegurar que no hice ningún progreso positivo hasta que aprendí que no puedo cambiar por mí misma. Aprendí que el amor de Dios por mí no está basado en mis ejecutorias, sino por su gracia. Aprendí a buscar a Dios, esperando en Él y adorándole, para aprender que Él pelearía mis batallas por mí.

Yo necesitaba grandes cambios en mi vida. Había sido abusada sexual, mental y emocionalmente durante mi niñez, y como resultado de esas experiencias tenía muchos problemas. Era rebelde a la autoridad, especialmente a la masculina; tenía malas actitudes; no confiaba en las personas; sentía lástima de mí misma; era rencillosa, entre muchos otros problemas, y sentía que todo el mundo estaba en deuda conmigo.

Cuando miro hacia atrás me doy cuenta que a través de los años he cambiado muchísimo. Pero todo fue sucediendo poco a poco. Así es como Dios nos cambia. Saca a luz algo, y espera hasta que decidimos entregárselo; cuando lo hacemos, va formando su carácter en esa área de nosotros.

La cantidad de tiempo que requieren los cambios dependerá de: 1) cuánto tiempo nos tome reconocer ante Dios que tenemos el problema que Él dice que tenemos; 2) cuánto tiempo nos lleve dejar de dar excusas o de echarles la culpa a otros; 3) cuánto tiempo le demos vueltas a la situación, tratando de cambiarla nosotros mismos; 4) cuánto tiempo pasemos estudiando su Palabra, esperando y adorando, confiando en que Él realmente está obrando en nosotros mientras lo buscamos.

Dios siempre está trabajando en nosotros, en nuestras familias y en nuestras circunstancias. Siempre está presente. Dios se llama a sí mismo el "Yo Soy" (Éxodo 3:14), no "El que era" o "El que será", sino "Yo Soy". El que está presente y listo para trabajar en nuestras vidas. Pero es un caballero y no hará su tarea en nosotros por la fuerza, sino que debe ser invitado. Mientras descansamos bajo su poderosa mano, Él comienza a moldearnos hacia lo que había sido su intención original, antes de que sucumbiéramos ante la influencia del mundo. Definitivamente, Él hará un buen trabajo si nos ponemos en sus manos.

Disfrute su vida

Dios comienza a moverse en la medida en que liberamos nuestra fe. Dios podría aun cambiarlo mientras lee este libro, si usted confía en que Él lo haga. Él tomará los principios divinos y su palabra para obrar tanto en usted como en su situación, mientras usted se sienta y disfruta de su presencia.

Algunas personas se consumen por el deseo de ser vistos como perfectos por los demás. Se odian a sí mismos cada vez que cometen algún error. Esta aversión y rechazo hacia ellos mismos, puede transformarse en problemas más graves. Esa actitud no solo les causa problemas a ellos mismos y en su relación con Dios, sino que también los provoca en su vinculación con otras personas. Todas nuestras relaciones se fundan en cómo nos vemos a nosotros mismos. Si no nos llevamos bien con nosotros mismos, tampoco podemos llevarnos bien con los demás. ¡No podemos amarnos y respetarnos a nosotros mismos a menos que sepamos cuánto Dios nos ama!

Si usted está peleando permanentemente consigo mismo, y no está disfrutando su vida, es una gran tragedia. Como nuestra lucha no es contra sangre ni carne (ver Efesios 6:12), su lucha no es contra usted, sino contra principados y poderes demoníacos que durante años han levantado fortalezas en su vida mediante engaños. Cada vez que usted estudia y medita en la verdad de la Palabra de Dios, esos engaños quedan al descubierto. La verdad nos hará libres si permanecemos en ella (ver Juan 8:32).

Dios nos transforma de gloria en gloria (ver 2 Corintios 3:18), poco a poco, un paso a la vez. Lo más importante que debe recordar al respecto es que no olvide disfrutar en donde está mientras se dirige hacia la próxima. (Para más información, busque mi libro *Disfrute donde está camino a donde va*). No compare la gloria donde está ahora con la gloria en que está algún amigo o familiar, que parece ser de un grado mayor. Somos individuos, y Dios trabaja de modo diferente con cada uno en particular, de acuerdo con lo que Él sabe que necesitamos y que podemos manejar.

Puede ser que no note cambios a diario, pero puede disfrutar su vida cada día, y con el correr de los años, verá ha hecho cambios en usted poco a poco. Le animo a que se mantenga creyendo que Dios está obrando, tal como dijo que lo haría. Cuando piense que no está ocurriendo cambios, continúe esperando en Dios y adórele. Siga creyendo que Él le ama incondicionalmente. Al pasar el tiempo, verá que Él ha estado obrando todo el tiempo y usted ha sido transformado a su imagen.

Nuestro objetivo: ser como Cristo

Porque a los que antes conoció, también los predestinó para que fuesen hechos conformes a la imagen de su Hijo, para que él sea el primogénito entre muchos hermanos.

Romanos 8:29

El objetivo número uno de nuestra vida cristiana debe ser asemejarnos a Cristo. Jesús es la "imagen misma de su sustancia" [del Padre] (Hebreos 1:3), y nosotros tenemos que seguir sus pisadas. Jesús vino como el pionero de nuestra fe para mostrarnos, mediante el ejemplo, cómo debemos vivir y conducirnos en la vida. Debemos conducirnos con las personas de la forma en que Jesús lo hizo. Nuestra meta no es ver cuánto éxito podemos lograr en los negocios o cuán famosos podemos ser, sino ser como Cristo. Esto no puede suceder a menos que aprendamos a dejar que la gracia de Dios nos cambie, en lugar de estar luchando tratando de cambiarnos a nosotros mismos. Nuestra respuesta al amor de Dios es querer ser como Él

Cuando proclamamos ser cristianos, necesitamos responder con acciones que respalden lo que decimos creer. Ofrecer perdón, ser misericordiosos, y amar es una de las mejores maneras que podemos hacerlo, pero eso solo puede pasar si hemos recibido el perdón, la misericordia y el amor de Dios. Nuestras vidas deben provocar en otros hambre y sed de lo que tenemos en Cristo. La Biblia se refiere a nosotros como la *sal*, que pone a la gente sedienta, y la *luz*, que expone y saca a las personas de la oscuridad (ver Mateo 5:13-14).

No tenemos que haber llegado a ser perfectos para testificar a otros, pero tampoco podemos esperar impresionarlos con nuestra fe mientras seguimos siendo carnales.

Si se lo permitimos, Dios nos transforma de gloria en gloria cuando escudriñamos su Palabra. Vemos su imagen en la Palabra de Dios escrita y ésta se convierte en un espejo para nosotros. En otras palabras, nos vemos a nosotros mismos a la luz de la Biblia y nos damos cuenta de lo que necesitamos cambiar, al encontrar las directrices y la fuerza necesaria en ella para hacerlo. A medida que oramos respecto a los cambios que necesitamos y deseamos, y buscamos a Dios para que los haga, Él nos va a ir transformando poco a poco, y cada vez vamos a ser más parecidos a Jesús.

Una vez Dios comienza a cambiarnos mientras nosotros confiamos en que Él lo hace, podemos estar seguro que Él completará su obra en nosotros. La Biblia nos dice en Filipenses 1:6 que Aquel que comenzó la buena obra en nosotros la terminará: *"Estando persuadido de esto, que el que comenzó en vosotros la buena obra, la perfeccionará hasta el día de Jesucristo".*

El precio a pagar

Puesto que Cristo ha padecido por nosotros en la carne, vosotros también armaos del mismo pensamiento; pues quien ha padecido en la carne, terminó con el pecado, para no vivir el tiempo que resta en la carne, conforme a las concupiscencias de los hombres, sino conforme a la voluntad de Dios

1 Pedro 4:1-2

Sacrificio y *padecimiento* no siempre son palabras populares entre los cristianos, pero no obstante, son términos bíblicas, frecuentemente mencionados por Jesús. Él pagó el precio completo por todos nuestros pecados, y damos gracias que jamás tendremos que pagar por ellos. Pero para ser cristianos maduros espiritualmente o "el ser como Cristo" no puede obtenerse sin "morir a uno mismo". Eso simplemente significa decirle sí a Dios y no a nuestros deseos egoístas. Me encanta decir que necesitamos "morir para realmente vivir".

La voluntad de Dios siempre nos dirige a un gozo y satisfacción profundos, pero se necesita algún tiempo para llegar a experimentarlos. Necesitamos llegar al final de nuestra testarudez y voluntariedad. Al principio, cuando comenzamos a ceder cosas y a permitir cambios inspiradores de Dios en nuestras vidas, nuestra carne sufrió. En otras palabras, nuestra carne se inclinaba hacia otra cosa y no quería ceder su propio plan. No quería sacrificarse, estar incómoda, ser molestada ni esperar.

En la primera carta de Pedro 4:1-2, declara que debemos tener *la misma actitud de Cristo, quien padeció en la carne por nosotros*. En otras palabras, debemos pensar: *Prefiero padecer en la voluntad de Dios que padecer fuera de la voluntad de Dios*. Cuando estamos dispuestos a ceder nuestra propia independencia y someternos a la voluntad de Dios para nuestras vidas, aceptamos un tipo de sufrimiento que lleva a una victoria gloriosa, a vivir una vida verdadera, ¡de la manera que Dios quiere que la vivamos! El sufrimiento que nos lleva a gozar de una vida buena, eventualmente desaparece y es reemplazado con descanso, relajamiento y una paz y un gozo increíbles. Pero si permanecemos fuera de la voluntad de Dios, sufriremos un tipo de miseria y padecimiento que nunca pasará o nos lleva a un quebrantamiento.

Cuando hablo de sufrimiento, no me refiero a pobreza, enfermedades y desastres. Estoy hablando del sufrimiento que tiene la carne cuando no puede hacer lo que quiere. La carne está compuesta del alma —mente, voluntad, emociones— y el cuerpo, o de la manera que somos y hacemos. Tenemos todo eso, pero primero y sobre todo somos seres espirituales, llamados por Dios a andar en el Espíritu (ver Gálatas 5:16). Esto quiere decir simplemente que debemos dejarnos guiar por el Espíritu Santo, quien reside dentro del espíritu humano de cada creyente en Cristo. El Espíritu Santo está para ser Guía y Él nos guía a toda verdad (ver Juan 16:13)y hacia la perfecta voluntad de Dios.

Por ejemplo, si Dave y yo tenemos un argumento y sentimos tensión y conflicto entre nosotros, puedo sentir al Espíritu Santo instándome a tomar la iniciativa para hacer la paz. No quisiera ser la primera que busque disculparse, pero si por mi terquedad rehúso seguir las indicaciones del Espíritu Santo, sufriré la miseria de saber que he sido desobediente, y estaré enojada, lo cual me hace sentir más miserable todavía. Sin embargo, si me trago mi orgullo, a pesar de que es doloroso hacerlo, y hago lo que el Espíritu Santo me inquieta a hacer, entonces ese sufrimiento momentáneo en la carne me conduce al gozo y la paz.

Por eso le exhorto encarecidamente a que se disponga a pagar el precio de hacer la voluntad de Dios en su vida; ¡el premio bien vale la pena!

CAPÍTULO 6

La adoración interna y externa

Porque escrito está: Vivo yo, dice el Señor, que ante mí se doblará toda rodilla, y toda lengua confesará a Dios.

Romanos 14:11

No sólo necesitamos tener las actitudes correctas y adorar a Dios en nuestros corazones, pero además necesitamos expresar nuestra adoración de manera externa. Podemos demostrar con nuestras acciones la adoración y la reverencia que tenemos para con Dios de diferentes formas. Creo que una de esas maneras es cuando tomamos la Comunión, que algunos grupos llaman La Santa Cena, y otros la Eucaristía. Primera de Corintios 11:26 dice: "Así, pues, todas las veces que comiereis este pan, y bebiereis esta copa, la muerte del Seños anunciáis hasta que él venga".

Es importante que demostremos con nuestras acciones lo que creemos en nuestro corazón. Cuando tomamos la Comunión, estamos expresando nuestra fe con nuestras acciones, no sólo con lo que decimos que creemos en nuestros corazones. La fe es poderosa, ¡pero también lo son nuestras acciones!

Cuando tomo la Comunión, le digo: "Señor Jesús,

al tomar este pan, estoy tomándote a ti como mi Pan de Vida. Mientras coma de ti y tenga comunión contigo, nunca estaré insatisfecha. Cuando tomo esta bebida, estoy bebiendo de ti, el Agua Viva. Siempre que beba de ti y tenga comunión contigo estaré satisfecha, a tal punto que ninguna circunstancia externa, sea cual fuere, me podrá perturbar. Al tomar esta Cena estoy declarando que tú, Señor Jesús, eres todo lo que yo necesito en la vida para ser verdaderamente feliz y realizada. Gracias, Jesús, que soy perdonada de todos mis pecados". Esto también es un buen momento para confiarle a Dios cualquier sanidad que necesite en cualquier área de su cuerpo.

Luego cierro diciendo: "Hay muchas otras cosas que me gustaría tener y disfrutar. Puedo vivir si ellas si tengo que hacerlo, pero no puedo vivir sin ti. Tú eres mi necesidad primordial".

Declárelo con acciones

Pueblos todos, batid las manos; Aclamad a Dios con voz de júbilo.

Salmo 47:1

La Biblia nos insta a danzar, tocar instrumentos musicales y hacer toda clase de cosas externas para expresar adoración al Señor. Necesitamos expresar nuestra adoración; eso trae liberación a nuestra vida, honra a Dios y nos ayuda a pelear y vencer las batallas que enfrentamos en la vida.

No es suficiente decir: "Bueno, Dios sabe lo que siento por Él. No tengo por qué hacer una gran demostración". Eso sería lo mismo que decir: "Bueno, Dios sabe que creo en Él; por lo tanto, no veo la necesidad de bautizarme". O decir: "Dios sabe que me he arrepentido de mis pecados; por lo tanto, no es necesario arrepentirme de ellos". Vemos claramente cuán necias pueden ser estas declaraciones. La gente de todas las denominaciones cristianas está de acuerdo en que necesitamos ser bautizados y confesar nuestros pecados, pero no todas las denominaciones enseñan a la gente a expresar externamente su alabanza y adoración.

Asistí durante muchos años a una iglesia donde cantábamos canciones del himnario como parte de cada servicio, pero no había ningún tipo de expresión tal como aplaudir, danzar o levantar las manos. En esa iglesia, la gente pensaría que expresar la adoración a Dios en esas maneras es algo inapropiado. No sólo no permiten tales expresiones de entusiasmo por Dios, sino que algunos criticaban a otras denominaciones que eran más agresivas en expresar sus emociones.

Sin embargo, la Biblia enseña de todas esas expresiones, aunque esta iglesia, como muchas otras, considera que la reverencia es la única demostración apropiada para nuestra adoración a Dios. Definitivamente, necesitamos tiempos para estar quietos y reverentes, pero también necesitamos otros, para liberar nuestras emociones en adoración. Es hermoso estar quietos y callados en la presencia de Dios, pero es igualmente hermoso expresar una sincera adoración por medio de nuestras emociones.

No estoy propiciando dar rienda suelta a nuestras emociones. Todos sabemos que hay personas "emocionales", que en realidad distraen a los demás. Pero nuestras emociones son parte de nosotros, de igual manera que nuestros cuerpos, mentes y espíritus. Dios nos las ha dado, y no veo por qué no debamos expresarlas en adoración. ¿Por qué es aceptable expresar nuestras emociones de júbilo en un partido de baloncesto o fútbol, pero no cuando adoramos? No podemos dejarnos controlar por ellas, porque se sabe que pueden ser variables o no confiables, pero tampoco podemos suprimirlas ni resistirlas.

Mientras asistía a la iglesia que mencioné antes, hubo momentos en que las emociones querían brotar dentro de mí. Sentía necesidad de expresarlas de alguna manera, pero no tenía idea de cómo hacerlo. Pienso que es lamentable que la gente no sepa que es libre para expresarse y manifestar su amor a Dios de una forma equilibrada.

Las expresiones de adoración que mencioné son

todas bíblicas. Puede leer sobre ellas especialmente
en el libro de los Salmos. El rey David gritó, danzó y
mostró sus emociones mientras él adoraba a Dios. Le
animo a que sea expresivo en su alabanza y adoración
a Dios. Si usted asiste a una iglesia donde expresar
sus emociones en el servicio a Dios es inaceptable, entonces adore a Dios por medio de sus acciones en casa
o con un grupo pequeño de creyentes que adoran de
manera similar. También le aliento a que ore por usted
y los demás creyentes, para que todos adoren a Dios
como sólo Él merece ser verdaderamente adorado. Y
por último, permítame decirle que *jamás* debemos criticar a nadie simplemente porque ¡ellos no adoran de la
forma en que nosotros lo hacemos!

Declárelo con palabras

*Así que, ofrezcamos siempre a Dios, por medio de él,
sacrificio de alabanza, es decir, fruto de labios que con-
fiesan su nombre.*

Hebreos 13:15

La confesión de nuestra boca es un arma poderosa
contra el enemigo. Proverbios 18:21 nos enseña que el
poder de la vida y de la muerte está en la lengua. Podemos pronunciar vida para nosotros mismos y muerte
para el plan de destrucción de Satanás. Las palabras
de agradecimiento, por ejemplo, son devastadoras para

el diablo. Él odia absolutamente oír a una persona agradecida hablando acerca de la bondad de Dios.

En Hebreos 4:12 se nos enseña que la Palabra de Dios es una espada de dos filos. Yo creo que un filo de esa espada derrota a Satanás, mientras que el otro corta y abre las bendiciones del cielo. Se nos dice en Efesios 6:17 que la espada que el Espíritu empuña, esto es la Palabra de Dios, es una de las piezas de la armadura con que debemos vestirnos para hacer eficazmente la guerra espiritual.

En los Salmos, David hacía frecuentemente declaraciones tales como: *"Diré yo a Jehová: Él es mi Esperanza, y mi Castillo; mi Dios, en Él yo confío"*, (Salmo 91:2). Quizás debamos preguntarnos: *"¿Qué estoy diciendo yo del Señor?"* Es necesario *decir* cosas buenas, no sólo pensar en ellas. Alguien puede pensar: "Yo creo todas esas cosas buenas acerca del Señor", pero es importante también decirlas. A menudo la gente declara creer en algo, ¡aunque de su boca sale lo opuesto! Las palabras tienen poder, por lo que necesitamos declarar las creencias correctas acerca de Dios. Sin necesita ayuda o ejemplos de cómo hacerlo, mi libro *El poder secreto para declarar la Palabra de Dios* puede ser un recurso excelente.

Es necesario que verbalicemos nuestra alabanza y adoración hacia Dios, y hacerlo en los momentos y lugares apropiados. Permita que las confesiones verbales sean parte de su tiempo de comunión con Dios. A menudo hago mis caminatas por la mañana y mientras camino, estoy orando, cantando y confesando la Palabra en alta voz. En cada momento puedo decir algo como: "Dios está de mi lado. Puedo realizar cualquier cosa que Él me indique". O también: "Dios es bueno, y Él tiene un buen plan para mí. Las bendiciones me siguen y sobreabundan en mi vida". Es como darle una estoqueada al enemigo con una espada bien afilada.

Verbalice su agradecimiento, su alabanza y su adoración. Cante en alta voz canciones llenas de amor y devoción a Dios. Así su corazón será fortalecido, será animado y le ayudará a ganar las batallas de la vida.

Manos levantadas

Dios, Dios mío eres tú; de madrugada te buscaré; mi alma tiene sed de ti, mi carne te anhela, en tierra seca y árida donde no hay aguas, Para ver tu poder y tu gloria, así como te he mirado en el santuario. Porque mejor es tu misericordia que la vida; mis labios te alabarán. Así te bendeciré en mi vida; en tu nombre alzaré mis manos.

Salmo 63:1-4

El sacrificio siempre ha estado vinculado con la cristiandad. Desde el comienzo, en el Antiguo Testamento, la ley requería distintas clases de sacrificios. David habla en el Salmo 141:2 de levantar manos *"como la ofrenda de la tarde"*.

En la Escritura hay muchas otras referencias respecto a levantar las manos (ver Salmo 63:4; 134:2; 1 Timoteo 2:8). Parece algo natural hacerlo cuando estamos en la presencia de Dios. Para mí, es una expresión de adoración, reverencia y entrega. Debemos rendirnos continuamente delante de Dios y su plan para nosotros. Cuando nos rendimos, Dios toma el control. Él no impondrá su voluntad en nosotros por la fuerza. Él espera hasta que hayamos puesto nuestra confianza en Él.

Usted puede levantar sus manos y declarar palabras de alabanza a Dios durante todo el día. Aun en su trabajo, puede usar su momento de descanso o receso para adorar y dar gracias a Dios.

La gente que nunca en su vida ha levantado las manos en alabanza y adoración a Dios, puede obtener, al hacerlo, una maravillosa liberación de emociones contenidas. Nuestro espíritu anhela adorar expresándose libremente; hay algo espiritual que perdemos hasta que lo hacemos. Yo fui cristiana durante muchos años antes de hacer esto. Anhelaba una liberación de alabanza y adoración en mi vida, pero no había recibido la enseñanza adecuada para hacerlo. Si algo dentro de usted está anhelando esa liberación, le animo a que comience a adorar a

Dios con manos levantadas. Se maravillará de lo que esta clase de expresión de rendición y adoración puede hacer en su vida.

Haga una pausa para alabar

Siete veces al día te alabo a causa de tus justos juicios.
Salmo 119:164

Creo que no hay nada que bendiga más a Dios que detenernos, en ocasiones, en medio de lo que estemos haciendo, y levantar nuestras manos para adorarlo. En el Salmo 119:164, el salmista dice ¡que alababa a Dios *siete veces al día*!

Piense, por ejemplo, en un hombre de negocios, quizás el presidente de una gran compañía. Qué maravilloso sería que dos o tres veces al día, él cerrara la puerta de su oficina, le echara llave, se arrodillara, levantara sus manos y dijera: "Dios, quiero tomar este tiempo para adorarte. Padre, te agradezco por todas las cosas que me has dado —el negocio y el éxito son buenos— pero yo sólo quiero adorarte a *ti. Te* engrandezco. *Tú* eres maravilloso. *Te* amo por quien *tú* eres, ¡y no simplemente por lo que tú haces por mí!".

Creo que si ese hombre de negocios hace eso, nunca necesitará preocuparse por sus negocios, sus finanzas o éxito. Todas estas cosas estarían siendo cuidadas. Mateo

6:33 dice: *"Mas buscad primeramente el reino de Dios y su justicia, y todas estas cosas os serán añadidas"*.

Así como el hombre de negocios, un ama de casa podría tener muchos más días apacibles y fructíferos, si tomara tiempo para detenerse y alabar y adorar a Dios. No existe ninguna persona que no pueda ser grandemente beneficiada por tomar una "pausa para alabar".

Así como hacemos una pausa de alabanza para honrar a Dios, también podríamos hacerlo cada vez que nos sintamos con mucho estrés, extremadamente cansados, frustrados o que casi estemos dándonos por vencidos. Esto nos refrescará y nos enfocará en Dios. Al realizar esta clase de acción, una vez más expresamos nuestra total dependencia del Señor.

Postrarse

Cuando Daniel supo que el edicto había sido firmado, entró en su casa, y abiertas las ventanas de su cámara que daban hacia Jerusalén, se arrodillaba tres veces al día, y oraba y daba gracias delante de su Dios, como lo solía hacer antes.

Daniel 6:10

Cuando nos postramos, nos humillamos ante Dios. Estamos diciendo con nuestras acciones: "Señor, te doy reverencia y honor. Tú eres todo, y yo soy nada sin ti. No puedo hacer nada sin ti".

En el Antiguo Testamento, el joven Daniel había alcanzado una posición alta en el reino, y por tal motivo sus enemigos estaban celosos de él. Como Daniel era un hombre recto, ellos sabían que no había forma de acusarlo de alguna conducta impropia. Por eso, buscaron la manera de romper su devoción a Dios a través del temor al perjuicio. Persuadieron al rey para que promulgara un edicto según el cual, por el término de treinta días, cualquiera que demandara petición de cualquier dios u hombre fuera del rey, sería echado en el foso de los leones.

Los enemigos de Daniel sabían que él tenía el hábito de ir a su dormitorio tres veces al día, abrir las ventanas y arrodillarse para orar y adorar a Dios. Daniel se rehusó a comprometer su adoración. Luego que se emitió el decreto del rey, la próxima vez que adoró a Dios de esa forma, sus enemigos lo atraparon y lo llevaron ante el rey, quien no tuvo otra alternativa que dejar que lo echaran en el foso de los leones.

Una de las partes de esta historia, que es mi favorita, es donde dice que él oraba con las ventanas abiertas, como era su costumbre, aun sabiendo que violaría el decreto y pondría su vida en peligro. En otras palabras, no mantenía su oración y adoración en secreto. No trataba de esconder su fe. Su temor reverente y respeto por Dios excedían cualquier temor que pudiera tener al hombre.

Daniel tuvo que ir al foso de los leones por su

dedicación a Dios, pero al día siguiente salió sin ningún daño, porque Dios había cerrado las bocas de las fieras. En lugar de que los leones lo devoraran, fueron sus enemigos quienes corrieron esa suerte.

Si usted y yo adoramos a Dios, cuando tengamos problemas de cualquier índole, nosotros, como Daniel, no sufriremos ningún daño. Podemos atravesar cualquier dificultad, pero al final todo saldrá bien. Si nos ponemos regularmente de rodillas en adoración y alabanza a Dios, Él nos pondrá en un lugar de victoria.

Victoria no es la ausencia de problemas; es tener paz y gozo en medio de ellos. Victoria es llevar continuamente buen fruto para el reino de Dios, aun cuando atravesemos dificultades en el camino.

Si continuamente adoramos y honramos a Dios, entonces no importa lo que el enemigo traiga contra nosotros, nuestro comportamiento demostrará que nuestra fe en Dios está actuando a nuestro favor y estamos confiados en que Él nos guiará a través de las dificultades para darnos la victoria. Cuando usualmente ponemos a Dios primero, cuando lo adoramos y tomamos tiempo para postrarnos ante Él, Dios siempre nos exaltará.

CAPÍTULO 7

La adoración y la oración

Mientras él les decía esto, un dirigente judío llegó, se arrodilló delante de él y le dijo:
—Mi hija acaba de morir. Pero ven y pon tu mano sobre ella, y vivirá.

Mateo 9:18, NVI

Cuando Jesús fue a la casa del dirigente judío y tocó la niña, ella resucitó. Ahora, note lo primero que hizo este hombre importante en Mateo 9:18, no lo último que hizo, sino lo primero. Él no esperó hasta ver la manifestación de su milagro para postrarse y adorar a Jesús. Él lo adoró antes de pedirle que hiciera algo por su hija.

¿Cuántas veces le hemos pedido a Dios que cambie a nuestras amistades o nuestra familia sin tomar primero un tiempo para adorarlo? "Dios, tú tienes que cambiar mi familia. Ya no resisto más, si tú no lo haces. ¡Tienes que cambiarlos o de lo contrario no sé cuánto más puedo soportar!".

¿Qué pasaría si cambiamos la manera en que nos acercamos a Dios sobre estas personas y la manera en que oramos sobre estas situaciones? ¿Qué sucedería si sólo nos postramos y le adoramos, dándole honor, gracias y alabanza a Él? ¿Qué tal si damos un paso más y ponemos nuestro rostro en tierra como lo hizo Josafat mientras aguardaba a que Dios le diera la victoria sobre sus enemigos?

En vez de decirle a Dios cuán difícil están nuestras situaciones y cuánto necesitamos que Él las cambie, debemos decirle expresiones como: "Oh Dios, yo te adoro. Engrandezco tu nombre, Señor. Tú eres digno de ser alabado. Tú me fortaleces cuando estoy débil. Puedo hacer cosas que, de otra manera, no podría hacer sin ti. Yo sé, Dios, que deseas en tu corazón lo mejor para mí. Tú eres bueno, Padre, y creo que tu bondad seguramente se manifestará en mi vida. Creo que ahora mismo tú estás trabajando en mi vida y en mis circunstancias. Creo que tú me estás cambiando a mí, y a mi familia y amistades. Yo creo que tú estás obrando con los que todavía no han nacido de nuevo. Creo que ellos han de aceptarte, y serán llenos con tu Espíritu Santo y manifestarán tu carácter en sus vidas. Yo de adoro, Dios, por la obra que tú estás realizando ahora mismo y por tu fidelidad".

¿Qué cree usted que comenzará a ocurrir en su vida si orara de esta manera? Yo creo que empezará a ver cambios en su vida y en sus circunstancias, así como también en las personas que usted ama.

Uno de los principios que vemos a través de las

Escrituras, una verdad que se entreteje a través de este libro, es que el cambio viene *después* que adoramos a Dios, no antes.

Más que un método

No estoy tratando de venir con un nuevo plan de reglas y ordenanzas para obtener respuesta a las oraciones. Como lo mencioné antes, Él ve nuestro corazón, y su sinceridad es lo más importante para Dios. Adorarlo primero, antes de hacer peticiones, no es una fórmula o método que va a funcionar como un amuleto mágico para ayudarnos a conseguir lo que queremos o necesitamos. A menos que nuestra adoración sea real y provenga de un corazón genuinamente agradecido y lleno de alabanza, bien podemos olvidarnos de obtener buenos resultados. El mero hecho de que nos levantemos por la mañana y vayamos de rodillas a alabar y adorar, no significa que todo en nuestra vida va a cambiar de la manera que nosotros queremos. Que nos postremos y levantemos nuestras manos en alto, no significa que vamos a conseguir cualquier cosa que pidamos en oración. Alabar y adorar a Dios antes de pedirle cualquier cosa no es una fórmula a seguir para obtener lo que queremos de Dios. Si va a ser tomado y aplicado de esa forma, carecerá de todo poder.

La actitud correcta del corazón —la que es sincera,

que ama genuinamente a Dios y desea su voluntad— es la base del poder. Después de eso, el método es usado como un medio para que el poder fluya y actúe. Dios siempre está interesado, antes que nada, en el motivo de nuestros corazones. Él siempre ve el "porqué" detrás del "qué". En otras palabras, a Dios no le interesa meramente *qué* hacemos, sino que está interesado en *por qué* lo hacemos.

Si estamos adorando a Dios interna y externamente, porque verdaderamente creemos que Él es digno de alabanza y adoración, y creemos que es el único que puede resolver nuestros problemas y satisfacer nuestras necesidades, entonces y sólo entonces veremos resultados positivos y recibiremos más respuestas a nuestras oraciones.

La oración nos transforma

Todos queremos oraciones contestadas. Nos gustaría que Dios nos dijera simplemente que sí a todas las cosas que le pedimos. Algunas veces Él dice sí, y algunas veces lo que Él hace con nosotros mientras oramos es cambiarnos, hacernos más a la imagen de Cristo, y darnos autoridad para ministrar a otros más efectivamente.

En Lucas 9, Jesús subió al monte a orar. Pedro, Juan y Jacobo lo acompañaron. Mientras oraba, la apariencia de su semblante cambió y sus vestiduras se pusieron de un blanco resplandeciente.

Moisés y Elías estaban conversando con Él, hablaban sobre su salida de esta vida, que acontecería muy pronto.

Por supuesto, Pedro y Juan estaban atónitos; jamás habían sido testigos de algo semejante. Pedro quería hacer unas enramadas y permanecer en la montaña disfrutándolo. Sin embargo, Jesús le dijo que tenían que bajar de allí y ministrar a los demás.

Note en Lucas 9:29 que Jesús fue cambiado *mientras estaba orando*. A pesar de que la Biblia no dice explícitamente que Él estuviera adorando, creo que Jesús siempre adoraba cuando oraba. Estoy convencida de que sus oraciones contenían más alabanza que petición. Ésta es una lección para todos nosotros. Si queremos ver cambios positivos en nuestras vidas, vamos a orar, alabar y adorar. He encontrado que yo puedo querer cambiar, ¡pero después de todo necesito confiarle a Dios que haga el cambio! Si decido meramente "tratar" de cambiar, podría tener algo de éxito, pero será solo una modificación de conducta y no un cambio de verdadera transformación. Mientras adoramos, Dios transforma nuestros corazones. Experimentamos su amor y eso causa que respondamos obedientemente por el amor que le tenemos.

Más alabanza que petición

*Cuando descendió Jesús del monte, le seguía mucha gente.
Y he aquí vino un leproso y se postró ante él, diciendo:
Señor, si quieres, puedes limpiarme. Jesús extendió la
mano y le tocó, diciendo: Quiero; sé limpio. Y al instante
su lepra desapareció.*

Mateo 8:1-3

Muy a menudo vamos a Dios por sanidad, por liberación, buscando una salida a nuestro problema, y lo
primero que hacemos es pedirle lo que queremos o necesitamos. Decimos: "Señor, necesito sanidad. No puedo
resistir más este dolor. Tú tienes que hacer algo, Señor;
tienes que cambiar mi circunstancia".

Pero cuando el hombre de la historia de Mateo 8
vino a Jesús para que lo sanara de su lepra, primero
se postró ante Él y lo adoró. *Luego*, preguntó: "Señor,
¿por favor, podrías sanarme?".

Esta historia enfatiza la lección que aprendimos de la
del dirigente judío y su hija, al inicio del capítulo: Pienso
que es mejor adorar antes que presentar nuestras peticiones. En nuestras oraciones, necesitamos más alabanza
que petición. Está bien que le pidamos cosas a Dios. La
Biblia nos enseña que lo hagamos (ver Filipenses 4:6),
pero no creo que debamos comenzar nuestras oraciones
con peticiones. Lo primero que mencionamos en nuestra
conversación, demuestra qué es lo más importante para

nosotros que cualquier otra cosa. Recuerde, la Biblia dice que entremos a sus puertas con acción de gracias y en sus atrios con alabanza (ver Salmo 100:4).

Si examinamos de cerca las oraciones del apóstol Pablo, podemos aprender lecciones poderosas sobre cuáles deben ser nuestras prioridades en nuestra relación con Dios. En la carta a los Efesios 1, el apóstol oró más que nada para que la gente conociera y experimentara el amor de Dios, que tuvieran una revelación verdadera y manifiesta de su poder. En la carta a los Filipenses 1, oró para que la gente escogiera cosas más excelentes. En la carta a los Colosenses 1, oró para que la gente fuera fortalecida con todo poder, para que pudieran ejercitar la resistencia y la paciencia, y hacerlo con gozo. También oró muchas otras cosas maravillosas.

Mientras examinaba las oraciones de Pablo descubrí que nunca pidió por cosas materiales. Estaba más preocupado por las necesidades espirituales que por las necesidades materiales. Además, sus oraciones estaban llenas de acciones de gracias, que es un tipo de alabanza y adoración.

Estoy segura de que Pablo presentó sus necesidades físicas al Señor, pero es obvio que ese tipo de oración no insumía mucho de su tiempo. Podemos ver el mismo principio en las oraciones de Jesús. Él no invertía su tiempo orando por deseos y necesidades materiales, sino que se arrodilló en el Huerto y oró para ser fortalecido para cumplir la voluntad de Dios (ver Lucas 22:41-44). Cuando se sentía agotado de ministrar al pueblo, se iba a las montañas a orar (ver Mateo 14:23; Marcos 6:46), y estoy segura de que sus oraciones estaban llenas de alabanza y adoración al Padre.

Engrandezca al Señor

Engrandeced a Jehová conmigo, y exaltemos a una su nombre.

Salmo 34:3

Cuando oramos, algo que podemos hacer cuando adoramos a Dios en nuestras oraciones es engrandecerlo a Él. La palabra *engrandece* significa "agrandar". Cuando oramos y le decimos a Dios: "Te engrandezco", literalmente estamos diciendo: "Tú eres en mi vida mucho más grande que cualquier problema o necesidad que pueda tener". Durante años, he cantado muchas canciones que hablan sobre engrandecer al Señor, sin darme cuenta del significado de la palabra. Somos muy propensos a hacer eso mucho. Cantamos y hablamos acerca de cosas que realmente no entendemos. Son meras frases que hemos aprendido en la iglesia.

Necesitamos entender cuán poderoso es engrandecer al Señor, y hacerlo más grande que nuestros problemas. Él es ciertamente más grande que cualquier cosa que haya en nuestra vida. Cuando lo alabamos y adoramos, estamos haciendo justamente eso. Estamos diciendo: "Tú eres tan grande, tan grande que quiero adorarte", y "Tú eres más grande que cualquier necesidad que yo pueda tener".

Cuando esté enfrentando una batalla en su vida, no importa cuán grande sea, comience a orar y engrandecer al Señor. Cuando Él sea más grande que su problema, puede estar seguro que su victoria viene de camino.

CAPÍTULO 8

La adoración y el cambio

Mientras él aún hablaba, una nube de luz los cubrió; y he aquí una voz desde la nube, que decía: Este es mi Hijo amado, en quien tengo complacencia; a él oíd.

Mateo 17:5

En el capítulo anterior leímos cómo Jesús tomó a tres de sus discípulos y fue a un monte a orar, y dije que creía que Él adoraba a Dios mientras oraba. En Mateo 17:5, vemos lo que Dios dice de Jesús a los discípulos en ese momento: *"Este es mi Hijo amado, en quien tengo complacencia"*.

Yo creo que cada persona que desea ser poderosa en Dios y victoriosa en la vida, necesita oír ese mismo mensaje. Como hijos amados de Dios, cada uno de nosotros tiene necesidad de saber que el Señor está complacido con él, personal e individualmente. Es mi deseo y mi oración que cuando termine de leer este libro, no le quepa duda de que Dios está complacido con usted.

Escribo este deseo sabiendo que es muy probable que usted ya esté diciendo: "Oh, no, Dios no puede estar complacido conmigo, no por la manera en que actúo". Una de las cosas más importantes que usted debe saber como cristiano es que Dios no está complacido con usted porque haga las cosas bien. Está complacido con usted porque puso su fe en Jesús, el Único que hizo todo perfecto, a su favor. Corintios 5:21 nos dice que: *Al que no cometió pecado alguno, por nosotros Dios lo trató como pecador, para que en él recibiéramos la justicia de Dios* (NVI).

Dios lo está cambiando

Aun cuando haya aceptado lo que Jesús ha hecho por usted, pueden haber todavía áreas en su vida o maneras de pensar o actuar que necesitas ser cambiadas. Porque la naturaleza de Dios vive en usted, puede estar confiado que todo lo que necesita ser cambiado será cambiado mientras confía en Él.

Primera de Juan 3:9 dice: *"Todo aquel que es nacido de Dios, no practica el pecado, porque la simiente de Dios permanece en él; y no puede pecar, porque es nacido de Dios".*

Como tiene la vida de Dios dentro de usted, cada día está sufriendo cambios, y no hay nada que el enemigo pueda hacer al respecto. Dios está trabajando en usted, completando la buena obra que Él comenzó (ver Filipenses 1:6).

Cuando el enemigo comience a acusarle, tratando de que usted se sienta mal de usted mismo o decirle que usted nunca cambiará, usted debe decirle: "Satanás, tú eres un mentiroso. Estoy creciendo espiritualmente cada día. Cada vez estoy siendo más agradable. Amo a la gente más y más. Siento más cariño y generosidad hacia las personas. Respondo más rápidamente a las indicaciones de Dios. Me he vuelto más alegre, más bondadoso y compasivo, más gentil y pacífico cada día que pasa —y no hay nada que puedas hacer al respecto, Dios está en mí; ¡Él me está cambiando! Tú puedes decirme todo lo que está mal conmigo, ¡pero yo te diré todo lo que está bien conmigo por medio de Cristo!".

Justamente en medio de todas las acusaciones del enemigo, puede recuperar las fuerzas y obtener la victoria diciéndole a Dios: "Gracias, Señor, porque tú me estás cambiando. Yo te adoro y magnifico tu nombre. No hay nadie como tú. Te amo, Señor. Te amo; te amo; te amo". Esto mantendrá su mente enfocada en lo que Dios está haciendo en su vida y guardará su corazón abierto a los cambios que Él está operando en usted.

¿Qué debo hacer para complacer a Dios?

usted y yo podemos confiar que Dios está complacido con nosotros, aunque Él está cambiándonos día a día. No estamos donde deberíamos estar, pero gracias a Dios, tampoco donde estábamos antes. El Señor mira nuestro progreso, no cuánto nos falta por llegar.

En Juan 6:28, algunos le preguntaron a Jesús

básicamente: "¿Qué debemos hacer para complacer a Dios?".

Jesús les contestó: "Creer".

Cuando Jesús les dijo que necesitaban creer si querían complacer a Dios, lo que Él quiso decir era que debían creer lo que las Escrituras decían acerca de Él. Permítame recordarle varias de las cosas que la Palabra de Dios nos dice acerca de Jesús, verdades que necesitamos creer. Nos dicen que Jesús, quien no conoció pecado, por nosotros se hizo pecado, para que nosotros fuésemos hechos justicia de Dios en Él (2 Corintios 5:21). También dice que a medida que escudriñamos las Escrituras, Él nos está cambiando, y vamos experimentando niveles de gloria cada vez mayores (2 Corintios 3:18). Y, poco a poco, nuestros enemigos son derrotados (Deuteronomio 7:22). Podemos ver que desde 2 Corintios 3:18 y Deuteronomio 7:22, el cambio es un proceso que conlleva tiempo.

Transformación y transfiguración

No os conforméis a este siglo, sino transformaos por medio de la renovación de vuestro entendimiento, para que comprobéis cuál sea la buena voluntad de Dios, agradable y perfecta.

Romanos 12:2

La palabra *transformación* viene de las palabras griegas "meta" (*alteración*) y "morphè" (*forma*), que significa "cambiar en otra forma".[1] De ahí se desprende la palabra *metamorfosis* en español.

El mundo natural nos da un gran ejemplo de este proceso de metamorfosis en el cual las orugas se convierten en mariposas. La oruga come hasta crecer hasta cierto tamaño. En ese momento, comienza a tejer alrededor de sí misma una cubierta llamada capullo. Puede esconderse en el suelo o tras un trozo de corteza de árbol. Podría decirse que es una especie de entierro.

La idea del entierro es común en las Escrituras, tanto literal como simbólico. La Biblia nos enseña que debemos morir a nosotros mismos a fin de que vivamos completamente para Cristo. El apóstol Pablo decía en Gálatas 2:20: *"Con Cristo estoy juntamente crucificado, y ya no vivo yo, mas vive Cristo en mí; y lo que ahora vivo en la carne, lo vivo en la fe del Hijo de Dios, el cual me amó y se entregó a sí mismo por mí"*.

Yo he experimentado este morir a uno mismo, y lo sigo haciendo cuando Dios trata conmigo acerca de algo que deseo, pero que no es su voluntad para mí. Hay cosas a las que debemos morir: actitudes, patrones de pensamiento, modos de actuar y hablar, nuestros propios planes y deseos. Es mucho más fácil decirlo que hacerlo, pero podemos pedirle a Dios por su gracia (poder, favor inmerecido), y de esa manera Dios transforma nuestras vidas.

Tal como la oruga debe sufrir su "entierro" para ser transformada en mariposa, así nosotros debemos sufrir cambios que requieren una forma de muerte. Ir muriendo a uno mismo puede ser un asunto personal y doloroso; no es algo que podamos compartir con cada persona que conocemos. Creo que Dios asigna a cada uno, lo que yo llamo "años de silencio". Son los años en que Dios nos tiene escondidos, mientras realiza su gran obra en nosotros. Él nos está transformando a su imagen, para que podamos vivir para su gloria.

Los años de silencio

La mayoría de la gente que Dios usa atraviesan por años de silencio. Esos son años cuando usted está solo con sus sueños para el futuro, y parece como si nada está sucediendo. Usted está solo, esperando ¡y tratando de no darse por vencido! Incluso puede parecer que lo que le está sucediendo a usted lo está conduciendo en dirección contraria de lo que había imaginado. Esto fue así para Moisés, Abraham, José y Juan el Bautista. Incluso Jesús tuvo un período de tiempo donde no hay registro bíblico excepto el hecho de que "Él crecía". Pero los años de silencio no se limitan a las personas que vivieron durante los tiempos bíblicos. La gente de hoy también experimenta estos años de silencio, y mientras Dios le prepara para usarlo en mayores niveles, no se sorprenda si usted los atraviesa también. Ciertamente yo lo viví. Aun cuando nada está pasando en nuestras circunstancias, hay mucho que se está formando dentro de nosotros. Al igual que Jesús, estamos creciendo en sabiduría, experiencia y conocimiento de la Palabra de Dios.

Mientras Dios me preparaba para el ministerio que tengo hoy en día, Él tuvo que lidiar conmigo de muchas maneras. El proceso me tomó mucho más tiempo del que yo esperaba o planeaba y fue mucho más doloroso de lo que hubiera pensado que podía soportar. Si hubiera sabido antes lo que tendría que pasar al aceptar su llamado al ministerio, no habría dicho que sí. Supongo que esa es la razón por la cual Dios nos oculta ciertas cosas y nos va dando gracia para cada una de ellas, a medida que las afrontamos. Le animo grandemente a que se mantenga esperando durante esos años de silencio, y le prometo que ¡Dios tiene el tiempo correcto en su vida para la liberación!

Mientras estaba siendo preparada para este ministerio, puedo asegurarle que no siempre me comporté bien. Tuve un *gran* sueño y una *gran* visión de parte de Dios, pero por años, nada *grande* parecía sucederme. Sí tuve oportunidades *pequeñas*, pero como mi visión era *grande*, no agradecía ni apreciaba las pequeñas cosas que Dios me permitía hacer. La mayor parte del tiempo estaba frustrada y me comportaba malagradecida.

No siempre fui una mujer de fe. Experimenté muchos cambios emocionales, altibajos y muchos momentos de ira, cuando las cosas nos salían a mi manera. Me resultó muy difícil aprender a ser sumisa a la autoridad y no mostraba mucho del fruto del Espíritu. Como creyente, la semilla estaba en mi espíritu, pero debía desarrollarse.

Para cumplir el llamado de Dios en mi vida, necesitaba muchos cambios, y todavía necesito otros, pero al menos ahora entiendo el proceso. Me siento muy apenada por las personas que pelean con Dios durante toda su vida, sin llegar a comprender lo que Él está tratando de hacer. Debemos confiar en el Señor en los momentos difíciles. Debemos adorar en el desierto, no sólo en la Tierra Prometida. Recuerde que los israelitas adoraron a Dios después de haber cruzado el Mar Rojo, cuando estuvieron a salvo. Cantaron la canción correcta, pero del lado incorrecto del Mar Rojo. Dios desea oír nuestra alabanza antes de que experimentemos la victoria. Esa es una de las formas en que ganamos las batallas de la vida.

Hubo años en los que el enemigo me decía una y otra vez que estaba loca, que no había sido llamada por Dios y que nunca cambiaría, y que fracasaría. Me aseguraba que nada de lo que hiciera daría buen fruto. Me dijo que el sufrimiento no terminaría, que el dolor nunca pararía. Me decía que era una tonta por creer en algo que no veía.

Dios me dio gracia para proseguir poco a poco. Cambié por la gracia de Dios, y de manera correspondiente, las cosas cambiaron en mi vida. Descubrí que Dios nos revela lo que podemos manejar apropiadamente, y doy gracias que nos da lo que no podemos manejar bien y con humildad. La peor situación en la que una persona pueda estar, es obtener algo que Dios no lo preparó para manejar. Dios sabe lo que podemos manejar y administrar bien. Él nos liberará aquellas cosas cuando estamos listos para ellas, en vez de simplemente darnos lo que le pedimos, cuando Él conoce que esas cosas podrían convertirse en cargas o problemas para nosotros.

Dios me ha cambiado tanto durante estos años que a veces casi ni recuerdo cómo era antes. Esos años de silencio fueron difíciles, pero cuando se terminó el tiempo, le di gracias a Dios por la obra que había hecho en mí, por su gracia. Mientras estuve allí no me gustaron, ni los entendí; pero si no los hubiera vivido, no podría ser quien ahora soy ni llegar adonde he llegado.

Si usted tiene un sueño o una visión para que Dios lo use, prepárese para soportar algunos años de silencio.

Mantenga un corazón de adoración durante ese tiempo, sabiendo que Dios está cambiándolo para su gloria, y un día, usted mirará hacia atrás y agradecerá por todo lo que Él ha hecho en su vida. Cuando comience a sentirse cansado, declare en alta voz: "Dios me está cambiando. Él está preparándome para cosas buenas".

El reposo de Dios

Por tanto, queda un reposo para el pueblo de Dios. Porque el que ha entrado en su reposo, también ha reposado de sus obras, como Dios de las suyas.

Hebreos 4:9-10

Cuando comencé a estudiar sobre el proceso de la metamorfosis y me di cuenta cómo se aplicaba a nuestras vidas espirituales, descubrí que el tiempo que la oruga teje su capullo y se oculta detrás de un trozo de corteza o algo similar, era la etapa de reposo. El capullo realmente no hace nada; simplemente deja que el cambio se produzca. La oruga es gradualmente transformada en una mariposa, y emerge de su capullo como una criatura enteramente nueva.

Si usted está atribulado y disgustado, preocupado y consumido por todos los cambios que se deben hacer en su persona, le tengo buenas noticias: puede entrar en el reposo de Dios. Puede descansar y dejar que Dios haga su trabajo. Estar luchando o estando frustrada o preocupada no lo cambiará. Mientras más descanse en Dios, más rápido verá el cambio. Él sabe lo que está haciendo en usted y cómo hacerlo. Si deja de batallar y se rinde a su obra, estará más en paz y Él hará lo que necesita hacer en usted. Simplemente diga: "Señor, no puedo cambiarme a mí mismo. Creo que solo tú eres el único que puede hacer la obra que necesita hacerse en mí. Me dispongo completamente en tus manos, y espero en ti para que produzcas los cambios que tú sabes que deben hacerse en mí. Confío en tus caminos, y confío en tus tiempos". De esta forma, usted puede disfrutar de la comunión con Dios sin preocuparse por lo que pueda pasar en su vida. Puede descansar y dejar que Él haga lo que necesita hacer.

El proceso de metamorfosis le va a doler en algunos momentos. Deje que le duela. Mientras más luche, más tiempo insumirá y el dolor parecerá más intenso. A una mujer encinta, en el momento de dar a luz, siempre se le dice que se relaje y respire. Si se relaja durante los momentos dolorosos en su vida, Dios lo mantendrá más cerca de su liberación. Sobre todo, confíe en Dios y ámelo con todo su corazón. ¡Adórelo, alábelo, y sea agradecido!

Le animo a decirle: "Señor, cuando hayas acabado conmigo con esta parte de mi proceso de transformación, ni siquiera podré reconocerme a mí mismo. Soy una nueva criatura en Cristo, y quiero comportarme así. ¡Quiero ser más como Jesús!".

Adore en vez de preocuparse

A veces, cuando atravesamos por momentos difíciles, tenemos problemas para ver algo bueno en nuestra vida. Es porque estamos mirando las cosas incorrectas y preocupándonos por ellas. Miramos mucho lo que está mal en nosotros, pero no lo suficiente para ver qué está bien con Jesús. Hebreos 12:2 nos dice que miremos a Cristo porque Él es la fuente y consumador de nuestra fe.

En Números 21 vemos que muchos israelitas morían en el desierto a causa de una plaga de serpientes que había sido enviada contra ellos por su pecado. En medio de todo, Moisés fue ante el Señor y adoró. Puso inmediatamente su atención en Dios, no en sí mismo ni en nadie más, para resolver el problema. De hecho, a lo largo de la Biblia, cuando la gente tenía problemas, aquellos que obtuvieron victorias, rehusaron preocuparse. Ellos adoraron.

Moisés buscó a Dios para saber qué hacer con las serpientes. No diseñó su propio plan y le pidió a Dios que lo bendijera; no trató de buscar una respuesta, ni se preocupó. Él adoró a Dios, y su acción trajo una respuesta de Dios. La vemos en Números 21:8: *"Y Jehová dijo a Moisés: Hazte una serpiente ardiente, y ponla sobre una asta; y cualquiera que fuere mordido y mirare a ella, vivirá".* La gente que se frustra usualmente no oye a Dios, pero cuando entramos en su descanso por medio de la adoración, su dirección se hace clara.

El asta con la serpiente de bronce representó la cruz donde Jesús pagó por nuestro pecado. El mensaje sigue siendo el mismo: "Mira y vive". Si miramos a Jesús y lo adoramos en vez de preocuparnos, Dios nos dará la victoria en las batallas que enfrentemos en nuestras vidas.

CAPÍTULO 9

Adore a Dios con una conciencia limpia

Doy gracias a Dios, al cual sirvo desde mis mayores con limpia conciencia, de que sin cesar me acuerdo de ti en mis oraciones noche y día.

2 Timoteo 1:3

La verdadera adoración debe provenir del corazón del adorador. No es, y nunca puede ser, meramente una conducta aprendida. Dios está interesado en el corazón del hombre más que en cualquier otra cosa. Él busca gente que tenga un corazón sincero, que verdaderamente lo amen y genuinamente deseen adorarlo. Por el contrario, si el corazón no es puro, nada que venga del hombre es aceptable para Dios. Cualquier obra ofrecida por motivos impuros será inaceptable, lo mismo si se trata de una adoración fingida, que no proviene de un corazón puro y de una conciencia limpia.

La conciencia es, de hecho, la mejor amiga del hombre, porque continua y tenazmente ayuda al creyente a saber lo que agrada y lo que no agrada a Dios. Ella es el mejor predicador que jamás haya conocido alguien en su vida, y está diseñada para enseñarnos la voluntad de Dios. La conciencia es iluminada por la Palabra de Dios; por lo tanto, mientras más aprendamos de su Palabra, más activa será la conciencia.

Una conciencia iluminada

Verdad digo en Cristo, no miento, y mi conciencia me da testimonio en el Espíritu Santo.

Romanos 9:1

Pablo se refería a su conciencia como estando iluminada por el Espíritu Santo. Su conciencia le decía cuando su conducta era o no aceptable a Dios, y estoy segura que, de la misma manera, podía discernir cuando sus pensamientos, sus palabras o sus acciones no eran aceptables. Ésa es la función de la conciencia.

En Hechos 24:16, Pablo escribe sobre la importancia de mantener una conciencia limpia: "*Y por esto procuro tener siempre una conciencia sin ofensa ante Dios y ante los hombres*".

Si Pablo hizo un gran esfuerzo para mantener una conciencia limpia, seguramente eso debe ser muy importante. Como vimos en 2 Timoteo 1:3, Pablo adoró a Dios con una conciencia clara y limpia. Ésa es también la única forma en que le ofrecemos una adoración aceptable.

No deseo ofrecer métodos, llamados "adoración", como medios para obtener victoria o bendiciones del Señor. Es indiscutible que Él trae victoria a la vida del adorador, pero la verdadera adoración proviene de un corazón puro y una conciencia limpia.

Esto significa que no podemos adorar apropiadamente a Dios si sabemos que hay pecado en nuestras vidas. La confesión de pecado debería ser el preludio para una adoración verdadera, porque debemos acercarnos a Dios con una conciencia limpia. No hay paz para la persona que tiene una conciencia culpable. Su fe no puede actuar; por consiguiente, sus oraciones no pueden ser contestadas (ver 1 Timoteo 1:19; 3:9).

Sea perfecto

Sed, pues, vosotros perfectos, como vuestro Padre que está en los cielos es perfecto.

Mateo 5:48

La Biblia nos ordena que seamos perfectos así como nuestro Padre que está en los cielos es perfecto. Si no entendemos esto apropiadamente, podemos sentirnos derrotados y hasta temerosos cuando lo leemos. La versión en inglés de la *Amplified Bible* cita este versículo y lo aclara mejor cuando dice que "perfecto" es el estado de madurez espiritual hacia el cual crecemos. Debemos proseguir continuamente hacia la meta de la perfección con un corazón sincero que busca agradar a Dios, olvidando diariamente los errores del pasado.

En otras palabras, nuestros corazones pueden ser

perfectos cuando nacemos de nuevo, pero nuestra conducta no lo es. Continuamente vamos mejorando, y damos gracias a Dios por ello, pero no hemos llegado todavía. Somos perfectos en Cristo, pero dentro y fuera de nosotros, todavía estamos creciendo hacia la perfección por medio de la gracia de Dios que obra diariamente en nuestras vidas.

El camino hacia una conciencia limpia

Para tener una conciencia limpia, uno debe abstenerse de pecar, o confesar sus pecados cuando obra mal y comete errores. Pero vamos creciendo y cada vez vemos que cometemos menos errores a medida que pasa el tiempo. Sin embargo, la Biblia nos enseña que una pequeña levadura afecta toda la masa. Incluso un pecado pequeño hace que necesitemos limpieza.

Es excelente estar progresando cada día, pero el regalo que merece mi mayor gratitud es la posibilidad de arrepentirnos. Primera de Juan 1:9 promete que si admitimos nuestros pecados y los confesamos, Dios es fiel y justo para limpiarnos completamente de toda nuestra maldad. ¡Qué buenas noticias! Podemos vivir ante Dios con una conciencia perfectamente limpia, porque no hay condenación para aquellos que están en Cristo (ver Romanos 8:1).

La razón por la que Pablo vivió ante Dios y los

hombres con una conciencia perfectamente limpia no fue porque nunca cometió errores. De hecho, fue todo lo contrario. Sí cometió errores. Él se llamó a sí mismo el jefe de todos los pecadores, y dijo que no había llegado al nivel de perfección (ver 1 Timoteo 1:15; Filipenses 3:12).

Por medio de un corazón obediente y haciendo uso del regalo del arrepentimiento cuando fallamos, Pablo podía vivir ante Dios y los hombres con una conciencia limpia. Y, por lo tanto, podía adorar a Dios debidamente y confiar que Dios satisfacería sus necesidades.

¿Por qué me refiero al arrepentimiento como un regalo? He visto gente que no se siente arrepentida de sus pecados, y eso es algo terrible. Cuando la conciencia se cauteriza (se endurece), el hombre es incapaz de sentir el peso y la seriedad de su conducta errónea. Por esta causa, todos debemos orar para tener una conciencia sensible a Dios.

Qué hacer cuando su conciencia le trae convicción

El enemigo nos *condena*; el Espíritu Santo nos trae *convicción*. La convicción no es para que nos sintamos condenados o mal por lo que hayamos hecho, sino más bien provocar nuestro arrepentimiento para ayudarnos a sentirnos mejor. Durante años desconocí esta verdad.

Cada vez que el Espíritu Santo me convencía de pecado, inmediatamente me sentía culpable y condenada. ¡Era horrible! Me había vuelto una estudiante seria de la Palabra de Dios; por lo tanto, cuanto más estudiaba cómo debía vivir, más condenada me sentía por no vivir de esa manera. Casi todo el tiempo me sentía culpable y condenada sobre algo en mi vida.

Cuando, finalmente, vi la verdad de que el Espíritu Santo trae convicción para Él ayudarme a ser libre del pecado, sentí una maravillosa liberación. Ahora disfruto cuando siento convicción. No disfruto cuando estoy pecando, pero me alegra que puedo arrepentirme y pedirle a Dios que me perdone y me ayude a crecer más allá de mi debilidad. Ahora, también, puedo discernir cuándo el enemigo es quien está tratando de hacerme sentir culpable y lo resisto.

Verdaderamente, quiero animarlo a que no haga las cosas por hacerlas, cuando no sienta paz. Deje que su conciencia sea su amiga, no una fuente de tormento. Colosenses 3:15 declara que la paz es como el árbitro en nuestras vidas; ella puede arbitrar con finalidad en cualquier cosa que se suscite en nuestras mentes. En otras palabras, si siente paz sobre algo, acéptelo, pero si no le trae paz, recházalo.

Ser tentado por el pecado no es lo mismo que pecar. La tentación no es pecado. Todos somos tentados a hacer lo malo; Satanás se asegura de eso. Sin embargo, cuando somos tentados, podemos clamar al Espíritu Santo para que nos ayude a resistir. No tratemos de resistir en nuestras propias fuerza y poder; pidamos simplemente la ayuda del Espíritu Santo. Él está siempre dispuesto a ayudarnos en cualquier cosa que necesitemos en la vida.

Agradezca a Dios el perdón

Seguir la dirección del Espíritu Santo y, por consiguiente, la obediencia a Dios, es siempre la mejor manera de actuar, pero el hecho es que todos cometemos errores. Ninguno de nosotros es cien por cien obediente todo el tiempo. Hay momentos en los cuales hasta el más dedicado de los cristianos toma malas decisiones. Ahí es cuando necesitamos, rápidamente, arrepentirnos y pedir y recibir el perdón de Dios.

Sería prudente comenzar siempre nuestras oraciones arrepintiéndonos para limpiar nuestras conciencias de cualquier pecado que hayamos cometido, consciente o inconscientemente. Nuestro perdón ya fue pagado por la muerte y resurrección de Jesús, y todo lo que necesitamos es pedirlo y recibirlo para que nuestro gozo sea completo (ver Juan 16:24). Si somos consciente de situaciones específicas o el Espíritu Santo trae algún pecado a nuestra mente, podemos arrepentirnos siendo específicos. El rey David aun le pidió a Dios que lo perdonara de faltas y pecados inconscientes u ocultos. Él quería acercarse a la presencia de Dios totalmente libre y listo para orar sin impedimentos. Podemos pedirle al Señor que nos dé convicción de pecado, decirle que deseamos cambiar y hacer las cosas correctas. Luego podemos pedirle que nos dé de su gracia, la cual es su poder capacitador que nos ayuda a no cometer los mismos errores en el futuro. Si hacemos estas cosas, no como un ritual o método, sino con corazones puros, estaremos dispuestos a adorar con nuestras conciencias limpias.

CAPÍTULO 10

Dios es por nosotros

¿Qué, pues, diremos a esto? Si Dios es por nosotros,
¿quién contra nosotros?

Romanos 8:31

Dios es un Dios grande; nada es imposible para Él, y está de nuestro lado. No tenemos nada que temer de nuestros enemigos, porque ninguno de ellos es tan grande como nuestro Dios. Dios es por nosotros. El enemigo está contra nosotros; esa es su posición. Pero Dios está sobre nosotros, debajo de nosotros, a través de nosotros, por nosotros, y alrededor de nosotros.

El Salmo 125:1-2 dice: *"Los que confían en Jehová son como el monte de Sión, que no se mueve, sino que permanece para siempre. Como Jerusalén tiene montes alrededor de ella, así Jehová está alrededor de su pueblo desde ahora y para siempre".*

Así como el monte de Sión, no debemos movernos ante las tormentas de la vida, porque Dios está alrededor de nosotros. Y si eso no fuera suficiente, Él está dentro de nosotros, y nunca nos dejará ni nos desamparará (ver 1 Corintios 3:16; Deuteronomio 31:6). Como estas son verdades, estamos listos para cualquier batalla y no tenemos ninguna razón para sentirnos amedrentados o intimidados por el enemigo o por las personas. Estamos completamente seguros y no tenemos que temer a nada.

Tema al Señor, no al hombre

Digan ahora los que temen a Jehová, que para siempre es su misericordia. Desde la angustia invoqué a Jehová, y me respondió Jehová, poniéndome en lugar espacioso. Jehová está conmigo; no temeré lo que me pueda hacer el hombre.

Salmo 118:4-6

En el primer versículo de este pasaje, el salmista está adorando a Dios por algunos de sus atributos, específicamente por su misericordia y su bondad. Nuestra fe aumenta cuando meditamos y hablamos sobre los grandes atributos de Dios.

En el siguiente versículo note que el salmista no clamó al Señor en su angustia sino hasta después de haber adorado y alabado al Señor por aquellas cosas que él necesitó en el tiempo de la angustia.

En el tercer versículo, el salmista declara: *"Jehová está conmigo; no temeré"*. ¿Por qué debemos temer? Si el Dios Todopoderoso está por nosotros, y lo está, entonces ¿qué puede hacernos un simple hombre? Necesitamos darnos cuenta de cuán grande es Dios y cuán pequeños son nuestros enemigos.

Aun cuando no tengamos razón alguna para temer

a otras personas, algunos invierten mucho tiempo preocupándose o temiendo lo que alguien pudiera hacerle. Tal vez, usted está angustiado por lo que alguien podría hacerle. Puede estar preocupado porque alguien puede quitarle su trabajo, o porque podría perder una relación importante, o quizá no tendrá lo que usted necesita. O quizá puede estar temeroso por lo que alguien podría pensar o decir acerca de usted.

La Biblia nos dice en el Salmo 118:4 que nos debemos temer al hombre, pero que temamos al Señor con reverencia y adoración. Proverbios 29:25 es muy claro cuando se refiere a esto: "Temer a los hombres resulta una trampa, pero el que confía en el Señor sale bien librado" (NVI). Cuando rehusamos temer al hombre, y a la vez tememos al Señor con reverencia y adoración, Dios se mueve en nuestro favor, y nada de lo que el hombre trate de hacer podrá causarnos un daño permanentemente. Ellos pueden venir contra nosotros por un camino, pero tendrán que huir de nosotros por diferentes caminos. Así lo dice Deuteronomio 28:7: "Jehová derrotará a tus enemigos que se levantaren contra ti; por un camino saldrán contra ti, y por siete caminos huirán de delante de ti".

Por un tiempo puede parecer que alguien está sacando ventaja de nosotros. Pero si mantenemos nuestros ojos fijos en Dios y continuamos adorándolo, deseando su voluntad en todas las cosas, al final Dios nos recompensará y traerá justicia a nuestras situaciones, porque Él es el Dios de justicia y aborrece la injusticia (ver Isaías 61:8).

Nuestro problema se prolonga cuando tratamos de hacer que la gente nos dé lo que pensamos que nos debe. En lugar de hacer eso, debemos esperar en el Señor, y dejar que Él nos dé lo que considere que debemos tener. Dios es nuestro Defensor. No podemos defendernos a nosotros mismos, y cuando lo hacemos, las situaciones empeoran.

Debemos dejar de cuidarnos a nosotros mismos sobre lo que otros piensen o puedan tratar de hacernos. Más bien, debemos echar nuestras cargas al Señor porque Él tiene cuidado de ellas (ver 1 Pedro 5:7). Si nos mantenemos enfocados en Dios, nadie va a tomar ventaja de nosotros por mucho tiempo o herirnos de manera permanente. Dios tiene miles de maneras para darnos sus bendiciones y protegernos del mal o de cualquier daño. Por eso es que nuestra actitud debe ser: "Si Dios es por nosotros, ¿quién contra nosotros?" (Romanos 8:31).

¿Qué puede hacer el hombre?

La Palabra de Dios está llena de promesas de que Dios tendrá cuidado de nosotros. Una de estas promesas está tan bellamente declarada que no sé cómo podemos leerla y seguir con temor.

> ...*pues Dios ha dicho:*
> *Nunca te fallaré. Jamás te abandonaré.*
> *Así que podemos decir con toda confianza:*
> *El Señor es quien me ayuda, por tanto, no temeré.*
> *¿Qué me puede hacer un simple mortal?*
>
> Hebreos 13:5-6, NTV

Estas escrituras me reconfortan mucho. Son enfáticas, y declaran que Dios no nos dejará solos y sin ayuda. Le animo a que medite en estas escrituras cada vez que sienta temor acerca de cualquier cosa que venga a su mente por cualquier razón. Hay un poder que es inherente a la Palabra de Dios, por eso el sólo hecho de meditar en ella lo hará sentir mejor.

Temor reverente a Dios

> *Mas yo por la abundancia de tu misericordia entraré*
> *en tu casa; adoraré hacia tu santo templo en tu temor.*
>
> Salmo 5:7

Cuando hablamos acerca del temor de Dios, no nos referimos a una clase indebida de temor. Hablamos de ese temor reverente, que hace que nos maravillemos de Él, nos inclinemos ante su presencia, y que postrados ante Él, podamos decir: "Mi Dios, no hay nadie como tú; ¿a quién temeré? Si tú estás conmigo, ¿qué podrá hacerme el hombre?".

El apóstol Pablo dijo en Gálatas 1:10: *"Pues, ¿busco ahora el favor de los hombres, o el de Dios? ¿O trato de agradar a los hombres? Pues si todavía agradara a los hombres, no sería siervo de Cristo."*. Esa escritura ha estado siempre mi corazón, pues sé en qué medida el rechazo del hombre ha tratado de impedir que siga adelante con el llamado de Dios para mi vida.

Todos hemos sido atacados por el rechazo, el cual de alguna manera el enemigo usa para tratar de impedir que sigamos adelante. Él sabe que si estamos en la voluntad de Dios seremos bendecidos, así que utiliza el temor al rechazo del hombre para detenernos.

El enemigo ha lanzado ataques de rechazo contra mí en temporadas importantes de mi vida y en mi caminar con Dios. Muchas veces, esos ataques vinieron a través de personas que amaba y quería, y esos momentos fueron muy dolorosos. En ocasiones, por tratar de complacer a la gente, quería ceder ante las presiones y desistir de las cosas de Dios que perseguía apasionadamente. Me estremezco al pensar en todo lo que habría sacrificado si hubiera cedido. Estoy segura que no estaría donde estoy hoy. Puedo mirar retrospectivamente y ver que cada vez que venía contra mí un ataque de rechazo, sucedía que Dios estaba tratando de hacer algo nuevo en mí o promoverme al próximo nivel de lo que Él tenía para mi vida.

Cualquiera que desee hacer la voluntad de Dios, debe temerle a Él más que al hombre. Todos deseamos ser aceptados, y el rechazo es siempre doloroso. pero si tememos al Señor con reverencia y determinamos seguirle en vez de complacer a otros, Él nos bendecirá. No importa lo que otros traten de hacerle a usted, Dios es su Defensor (ver Salmo 135:14) y su recompensa viene de Él.

Dios quiere que usted y yo resistamos y nos mantengamos firmes contra el temor de la gente y el temor al rechazo. Podemos sentir miedo, pero no tenemos que ceder ante sus demandas. Dios sabe que nunca lograremos ser todo lo que Él quiere que seamos o hagamos todo lo que Él quiere que hagamos, si el temor nos controla. Debemos estar más preocupados por lo que piensa el Señor que lo que otros piensen porque Él es nuestro Protector (ver Salmo 91:1-2), nuestro Proveedor (ver Filipenses 4:19), nuestro Libertador (ver Salmo 68:20), y nuestra Victoria (ver 1 Corintios 15:57).

CAPÍTULO 11

Dios proveerá

Ha dado alimento a los que le temen; Para siempre
se acordará de su pacto.

Salmo 111:5

Muchas veces, las batallas que enfrentamos en nuestras vidas se enfocan en nuestra provisión. Podemos sentirnos temerosos de no tener lo que necesitamos, o no estar seguros de dónde vendrá nuestra provisión. Durante años, he realizado encuestas entre la gente que asiste a nuestras conferencias, y he encontrado que al menos un cincuenta por ciento de la gente en nuestra audiencia tiene temor por algún aspecto sobre provisión.

La Biblia contiene muchas historias de gente que necesitó provisión y Dios proveyó de manera milagrosa. Hay dos ejemplos de esto que encontramos en el mismo capítulo, 1 de Reyes 17. Dios, en un momento dado, dirigió a Elías, de quien hablaré más adelante, que descansara un momento cerca de un arroyo. Todo el tiempo que estuvo ahí, había hambre y sequía en la tierra, pero los cuervos le traían alimento. Después que abandonó el arroyo, Dios lo envió a conocer a una viuda pobre que solo tenía suficiente harina y aceite para preparar la última cena para ella y su hijo. Elías le pidió que le diera algo de comer, y ella lo hizo, aun sabiendo que era todo lo que le quedaba. Luego de eso, Dios le proveyó a ella de tal manera que jamás ella careció de harina y aceite. La viuda necesitaba un milagro, y para poder tenerlo, necesitaba dar, por lo que Dios le envió a alguien a quien ella podía ayudar. Una de las maneras en que adoramos a Dios es con nuestra dádiva en fe. Cuando damos algo de lo que tenemos, aun cuando pareciera que no tenemos suficiente para nosotros mismos, estamos diciéndole a Dios con nuestras acciones: "Dios, confío en que tú provees".

En el Salmo 111:5, el salmista está alabando y adorando a Dios por sus grandes obras a favor de su pueblo. Esto nos dice que siempre que adoremos a Dios, vamos a tener su provisión. Vemos continuamente el mismo tema en la Palabra de Dios: La adoración gana la batalla.

Quizás le han dicho que perderá su empleo o su casa. Quizás usted es una persona que vive de su retiro o un ingreso fijo limitado, y se pregunta qué le deparará el futuro. O ve los precios que suben todo el tiempo, y el enemigo le susurra al oído: "No vas a tener suficiente para vivir". Tal vez los números simplemente no le cuadran y sus ingresos sencillamente no alcanzan para mantenerlo, aunque esté haciendo todo lo que está a su alcance.

Cualquiera sea el motivo que lo preocupe acerca de su provisión, tome el Salmo 111:5 y digiéralo. Medite en

él una y otra vez , pensando realmente qué significa para
usted individualmente. Piense en él, ore sobre él, y deje
que se convierta en algo real y personal para su vida.

Esa escritura dice que Dios da alimento y provisión,
y provee a los que le temen reverentemente y lo adoran.
Eso significa que, cualquiera sea su situación, Dios le
proveerá siempre que usted lo adore y lo exalte. No se
preocupe sobre su provisión. La batalla le pertenece
al Señor y Él tendrá cuidado de usted mientras usted
sigue honrándole y adorándole.

La adoración es sabiduría

El principio de la sabiduría es el temor de Jehová.
Salmo 111:10

Si usted leyera el libro de Proverbios y viera todas las
promesas fundamentales hechas para la persona que
camina sabidamente, se daría cuenta de que la reverencia y la adoración son el principio de la sabiduría.
Rápidamente, vería por qué la reverencia y la adoración
son tan importantes.

La Biblia dice que quienes caminan en sabiduría
serán extremadamente felices y prósperos, y vivirán
una larga vida (ver Proverbios 3:1-8). Pero no existe tal
cosa como sabiduría sin adoración. Actualmente, muchas personas buscan conocimiento, y el conocimiento
es bueno, pero la sabiduría es mejor. La sabiduría es

el uso correcto del conocimiento. El conocimiento sin sabiduría puede hacer que la persona se infle, se llene de orgullo, lo que finalmente arruinará su vida. Una persona sabia siempre será conocedora, pero no todas las personas conocedoras son sabias.

Creo que nuestra sociedad actual exalta el conocimiento más de lo que debe. La educación parece ser el principal objetivo de la mayoría de la gente, y sin embargo, nuestro mundo decae moralmente en forma vertiginosa. La educación es buena, pero no es mejor que la sabiduría. Necesitamos buscar diligentemente la sabiduría como se busca la plata y el oro, y que la hagamos una necesidad vital de nuestra vida. La sabiduría es vital para una vida cristiana exitosa, y el principio de ella es la adoración.

Pues nada falta cuando adoramos

El ángel de Jehová acampa alrededor de los que le temen, y los defiende. Gustad, y ved que es bueno Jehová; Dichoso el hombre que confía en él. Temed a Jehová, vosotros sus santos, pues nada falta a los que le temen.

Salmo 34:7-9

¿Desea usted que los ángeles trabajen a su favor? Entonces comience a adorar a Dios, porque el Salmo 34:7-9 dice que su ángel acampa alrededor de los que le temen y adoran, para guardarlos y defenderlos.

¿Quiere estar seguro de que todas sus necesidades serán satisfechas? Entonces comience a adorar a Dios, porque la Biblia dice que nada faltará, ni tendrán necesidad alguna, aquellos que verdaderamente temen y adoran al Señor con reverencia.

Puede que usted adore y tema a Dios, aunque no le vea moverse en su vida. Así que pudiera estarse preguntado: "Si Él hace esas cosas por aquellos que le adoran, ¿por qué estoy adorando y no veo nada?".

Creo que Dios sí lo está haciendo. Creo que está haciendo cosas grandes en su vida. Él realiza cosas grandes en todas las áreas de nuestras vidas, aunque no podamos verlas. Generalmente, pasamos más tiempo contando lo que nos falta que lo que tenemos. Pensamos más en lo que perdimos que en lo que nos queda, y eso nos impide ver cuán bendecidos somos realmente.

Tener un corazón agradecido es parte de la adoración y, ciertamente, ésa es la actitud de un adorador. Dios, de lo poco hace mucho, y de la nada, lo mejor. Él usa lo que para el mundo no tiene valor y lo que no sirve para realizar su obra de acuerdo a 1 Corintios 1:26-29. Así que, si no tenemos nada, podemos dárselo a Dios, y algo puede hacer Él con eso. Dios no tiene problema en proveernos cualquier cosa que necesitemos. Si sólo le adoráramos, si le dejáramos nuestra carga y obedeciéramos las instrucciones que nos ha dado, nuestras necesidades estarían cubiertas siempre y abundantemente.

Yo he perdido mucho en mi vida. Fui abusada en mi niñez, con lo que perdí la oportunidad de ser realmente una niña. Por mucho tiempo resentí verdaderamente lo que había perdido. Lamenté los años perdidos que nunca recuperaré; resentí haber tenido un mal comienzo en la vida, pues sabía que muchos de mis problemas de adulta, provenían de allí.

Al fin, vi que no podía hacer nada acerca de lo que había perdido, y comencé a mirar lo que me quedaba. Una cosa sí puedo decir, tengo el resto de mi vida y usted también. Aún si los años que ha vivido no han sido placenteros, todavía le queda su futuro.

Comencé a adorar a Dios en el momento preciso de mi vida, y confié en que Él sería fiel a su Palabra. Le entregué lo que me había quedado, diciéndole: "Señor, aquí estoy. No soy gran cosa, pero si tú puedes usarme, soy tuya".

Lo animo a que comience a adorar a Dios ahí donde usted se encuentra; adórelo a Él por lo que tiene y olvídese de lo que no tiene. Pues nada falta cuando adoramos. Mientras adoramos a Dios, Él llena todas nuestras necesidades.

El enemigo roba, Dios provee

El Antiguo Testamento incluye muchas historias sobre los enemigos de Israel y de Judá, enemigos que querían destruir el pueblo de Dios. De la misma manera, usted y yo tenemos un enemigo, Satanás. Él tiene un plan para destruirnos. Él está trabajando en ese plan, y de la forma en que lo hace es robarnos y traer pérdida en nuestras vidas. Pero Dios tiene un plan para darle una sorpresa y traernos la victoria. Podemos tener confianza en esto, y es que podemos adorar a Dios en fe cuando nos encontramos en las batallas de la vida.

Un buen amigo, quien es un erudito en griego, una vez compartió conmigo una paráfrasis de Juan 10:10. Nos da una idea clara sobre lo determinado que el enemigo está para matar, robar y destruir, pero también nos muestra que Jesús tiene algo más completo en mente.

El ladrón quiere entrometerse en cada buena cosa que sucede en su vida. De hecho, este pillo está buscando cualquier oportunidad para abrirse camino bien profundamente en sus asuntos personales y poder robarle todo aquello precioso y querido que usted tiene. Y eso no es todo; cuando ha terminado de robarle todos sus bienes y posesiones, él va a seguir con su plan para robarle todo lo que le quede para que no llegue al siguiente nivel. Él va a crear condiciones y situaciones tan horribles que no podrá encontrar maneras de resolver el problema, excepto sacrificar todo lo que le queda de sus ataques anteriores. El objetivo de este ladrón es dejarlo sin nada y devastar su vida totalmente. Si nada lo detiene, él le dejará insolvente, en la ruina y vacío en cada área de su vida. ¡Usted va a terminar sintiéndose acabado y fracasado! ¡Créame. el objetivo final del enemigo es aniquilarlo!

Pero yo he venido para que tengan, mantengan, y constantemente retengan la vitalidad, el entusiasmo, el gusto, el vigor y el placer por la vida que brota desde muy adentro. ¡He venido para que puedan optar por esta sin igual, inigualable, sin par, incomparable, sobrecargada y desbordante vida hasta lo máximo![2]

Me alegran las palabras "pero yo he venido", dichas por Jesús mismo. Él siempre es capaz de interrumpir el plan del enemigo y llevarnos a la victoria. Como he dicho antes, nadie va por la vida sin batallas. Pero esas batallas pertenecen al Señor, y si le adoramos a través de ellas, Él nos dará la victoria.

La alabanza salva

Invocaré a Jehová, quien es digno de ser alabado, y seré salvo de mis enemigos.

Salmo 18:3

El salmista dijo que cuando necesitaba ser salvo de sus enemigos, él invocaría al Señor, quien es digno de ser alabado. Cuando usted y yo enfrentamos batallas en nuestras vidas, si entramos a la presencia de Dios y lo adoramos, nuestros enemigos quedarían tan confundidos, que se atacarían unos a otros. Eso fue exactamente lo que le sucedió a los enemigos de Josafat y de Gedeón.

Cuando el enemigo trata de molestarnos, y nosotros reaccionamos con alabanzas a Dios, eso los confunden tanto que comienzan a atacarse unos a otros. Y en el proceso, encontramos un nuevo nivel de gozo.

Como hemos visto, hay demasiado temor en el pueblo de Dios. Pero el Señor nos dice: *"No temas, porque yo estoy contigo"* (Isaías 41:10). Bajo el Antiguo Pacto, Dios estaba con su pueblo; observe las victorias grandiosas que tuvieron. Pero nosotros podemos ir mucho más allá, porque el mismo Dios que dirigió a los israelitas de victoria en victoria sobre sus enemigos, no sólo está *con* nosotros sino que también está *en* quienes hemos creído en Jesús.

Me gusta pensar que el Señor está tan cerca de mí como mi respiración, y lo necesito a Él tanto como necesito el aliento para vivir. Dios es nuestra vida. Como Pablo dijo en Hechos 17:28: *"Porque en Él vivimos, y nos movemos, y somos..."*. Dios es todo, y es digno de nuestra alabanza y adoración.

CAPÍTULO 12

Dios está de su lado

Hijitos, vosotros sois de Dios, y los habéis vencido; porque mayor es el que está en vosotros, que el que está en el mundo.

1 Juan 4:4

La gente tiene tantos temores que podríamos pasar todo el día enumerándolos y probablemente no terminaríamos. Muchos creyentes sienten los mismos temores que todo el mundo, a pesar de que la Biblia nos dice muchas veces que no temamos. Primera de Juan 4:4 es una "escritura poderosa" contra el temor. Ella nos asegura que, como la presencia y el poder del Dios Todopoderoso están dentro de nosotros, *nada* tenemos que temer.

Cuando comience a temer, usted debe abrir su Biblia, leer ese versículo en voz alta y decir: "Satanás, yo no tengo por qué sentir temor de ti, porque la Palabra de Dios dice que ya te he vencido por medio de mi relación con Jesús. Dios es mucho más grande que tú, y ¡Él está de mi lado!".

¿Sabe usted que la Biblia dice que usted y yo somos más que vencedores por medio de Jesucristo (ver Romanos 8:37)? Yo creo que eso significa que no tenemos que vivir con temor. Aun antes de que empiece la batalla, ya nos dijeron que la ganaremos. Nosotros sabemos el resultado: podemos entrar en el reposo de Dios sabiendo que vamos a salir victoriosos.

No quisiéramos pasar por las batallas; resistir el temor no suele ser fácil. Pero podemos ser alentados sabiendo que lo que el enemigo intenta para nuestro mal, Dios lo usa para nuestro bien (ver Génesis 50:20).

Si Dios está de nuestro lado, y nosotros estamos de su lado, al final todo resultará en beneficio, porque cualquiera que esté con el Señor está en el equipo ganador.

"Pero Dios..."

Pero Dios demuestra su amor por nosotros en esto: en que cuando todavía éramos pecadores, Cristo murió por nosotros.

Romanos 5:8, NVI

Hay una pequeña frase en la Biblia que cambia todo para nosotros. Sólo consta de dos palabritas, pero se encuentra a lo largo de toda la Biblia y es, probablemente, una de las frases de dos palabras más poderosas que hay en ella. Es simplemente esta: *"Pero Dios..."*.

Mientras vamos por la Biblia, constantemente leemos informes desastrosos de cosas terribles que el enemigo tenía planeadas contra el pueblo de Dios. Pero llegamos a esta pequeña frase, *"Pero Dios..."*, y lo próximo que leemos es el relato de una victoria.

Romanos 5:8 menciona el hecho de que todos somos pecadores, una condición que merece castigo y muerte. La frase: *"Pero Dios…"* interrumpe el proceso. El amor de Dios es traído a la situación y cambia todo. Cuando aún éramos pecadores, Cristo murió por nosotros, y haciendo eso, nos dio prueba de su amor. Él probó que su amor interrumpe la devastación del pecado.

No solamente el amor de Dios interrumpe la devastación de nuestro propio pecado, sino que también interrumpe los planes del enemigo. Eso exactamente fue lo que sucedió en la vida de José, en el Antiguo Testamento, cuando sus hermanos lo vendieron como esclavo, pero Dios estaba con él, y José terminó en una posición importante del gobierno (ver Génesis 37:28; 41:41-43).

El amor de Dios por usted interrumpe los planes del enemigo o planes de otras personas contra usted también. Por ejemplo, quizás usted tuvo un trabajo durante diez años y pensaba que allí tenía un futuro asegurado. De pronto, algo sucedió y la compañía cerró; parece que su futuro desapareció. *Pero Dios* puede colocarlo en un trabajo mucho mejor que el que usted tenía, quizás uno con mejor salario o beneficios, un mejor ambiente de trabajo, o mejores oportunidades de ascenso y éxito en el futuro. Dios también puede darle favor y ayudarlo a obtener un trabajo para el cual todavía no está calificado, naturalmente hablando, y darle gracia para que lo haga bien. Él puede capacitarlo para hacer algo que nadie en el mundo, incluyéndolo a usted, habría pensado jamás que usted sería capaz de hacer.

Debemos aprender a mirar las cosas a través de los ojos de la fe, y no desde lo natural. Lo que sucede normalmente en una situación puede ser totalmente cambiado cuando Dios llega a la escena.

Cuando Dios me llamó al ministerio, la gente me dijo: "Joyce, hemos estado hablando y creemos que no hay manera de que tú puedas ser capaz de hacer lo que Dios te dijo que hicieras. Creemos que tu personalidad no se ajusta a ese trabajo".

Todavía recuerdo cuán horrible me sentí cuando me dijeron todas esas cosas. Me sentí herida y desanimada, *pero Dios* me había llamado y Él me había calificado. Lo que otros pensaron que no era de gran utilidad, Dios lo vio de gran valor. Él me ayudó, y hará lo mismo por usted. Cuando la gente nos dice que ciertas cosas son imposibles, o les disgusta grandemente, y hasta comenzamos a dudar de nosotros mismos, no debemos darnos por vencidos. Debemos adorar y ver a Dios obrar a nuestro favor. Todas las cosas son posibles para Dios para aquellos que creen (ver Marcos 9:23).

¡El Señor está con nosotros!

Josué y Caleb fueron dos hombres de Dios que se encontraron rodeados por un grupo de gente pesimista y llena de incredulidad. Josué y Caleb no permitieron que el pesimismo de esa gente los afectara adversamente; permanecieron llenos de fe y confianza en que conquistarían a sus enemigos.

Nosotros también debemos estar determinados a no permitir que tales personas nos roben nuestro gozo, quitándonos nuestra actitud positiva. No podemos permitirles que destruyan nuestra confianza de que Dios es un Dios bueno y tiene un buen plan para nuestra vida. El enemigo usa gente negativa y llenas de incredulidad para agotar nuestro gozo, por lo que debemos ser diligentes en no permitírselo.

Hay momentos de la vida en que las circunstancias no son muy estimulantes. Miramos, y vemos problemas que parecen gigantescos para nosotros, pero debemos recordar que Dios es más grande que los gigantes. Josué y Caleb se encontraron precisamente en tal situación. Moisés los había enviado junto a otros diez hombres a la Tierra Prometida de Canaán para espiarla y traer un informe de lo que habían visto. Diez de los hombres regresaron y dijeron: *"La tierra está llena de buenos frutos, pero está también llena de gigantes, y no podemos vencerlos"*.

Pero Josué y Caleb tenían una actitud diferente.

Ellos también habían visto los gigantes pero prefirieron mantener los ojos en Dios, quien ellos creían era más grande que los gigantes. Su informe fue: "*Subamos de una vez, y tomemos posesión de ella; porque nosotros somos capaces de derrotarlos*" (Números 13:30). La gente pesimista inmediatamente respondió: "*No somos capaces*" (Números 13:31).

Esa es la manera en que las cosas ocurren a menudo en la vida. Siempre hay gente que es optimista, quienes tratan de salir adelante. También hay gente pesimista, quienes tratan de contaminar todo lo bueno y positivo con su mala actitud. Diez de los espías fueron pesimistas y dos fueron optimistas. Esos números significan que un ochenta por ciento de las personas dijo que no serían capaces de derrotar a los gigantes, mientras que sólo un veinte por ciento creyó que el poder de Dios era más grande que el problema. Si una proporción mayor de las personas creyeran en el gran poder de Dios, veríamos más triunfadores de los que vemos.

Es triste decirlo, pero a menudo ponemos nuestros ojos en los gigantes en vez de ponerlos en Dios. Perdemos nuestro foco; nos enredamos con los problemas y perdemos de vista lo que Dios nos ha llamado a hacer. Yo creo que si pasáramos más tiempo adorando y alabando a Dios, nos ayudaría a mantener nuestra visión clara y nos permitiría seguir adelante con una actitud fuertemente positiva, creyendo que podemos hacer todo lo que Dios nos diga que hagamos. Pase tiempo alabando a Dios por lo que Él ya ha hecho en su vida y adorándolo por su grandeza, y el hecho de que no hay nada que Él no pueda hacer.

Josué y Caleb les recordaron a los demás que Dios había prometido darles la tierra. Los animaron a no rebelarse contra el Señor y a no temer a la gente. Dijeron: *"¡El Señor está con nosotros!"* (Números 14:9).

Dios no está con el enemigo; Él está con nosotros. "Y si Dios es por nosotros, ¿quién contra nosotros?" (Romanos 8:31). Yo le animo a que practique mantener una buena actitud. Esté contento, y sea agradecido. Observe lo que Dios *está* haciendo, no solo lo que le parece que Él *no está* haciendo a favor de usted. Evite la queja. En su lugar, adore a Dios y manténgase adorándolo hasta que vea su liberación. Una buena actitud atraerá su victoria más rápido que teniendo un actitud negativa. Aunque la espera de su victoria sea larga, podría estar contento mientras espera. A esto se le llama "disfrutar donde está camino a donde va".

No importa cuáles sean nuestras circunstancias actuales, sabemos que Dios está con nosotros. En realidad, Él ya va mucho más adelante que nosotros. Él ya sabe el resultado, y su plan es para nuestro bien y no para fracasar.

"No temas – Dios va delante de ti"

Y Jehová va delante de ti; él estará contigo, no te dejará,
ni te desamparará; no temas ni te intimides.

Deuteronomio 31:8

En este pasaje, Moisés le dijo a Josué que se esforzara, cobrara ánimo y estuviera firme, porque él dirigiría al pueblo a la tierra que el Señor les había dado. Le aseguró que el Señor nunca lo iba a dejar ni a desamparar, sino que iría delante de él para guiarlo a la victoria. La misma promesa ha sido hecha para usted y para mí.

Es reconfortante pensar que, dondequiera que vayamos, Dios estuvo ahí antes que nosotros, preparando el camino. Tuve algún entendimiento de lo que esto significa, porque cuando Dave y yo viajamos, especialmente en viajes internacionales, enviamos a un equipo de personas a la ciudad para preparar el camino antes de que lleguemos. Ellos se aseguran de conocer todas las direcciones necesarias para llegar dondequiera; verifican los hoteles y confirman que estén hechos todos los arreglos, así que cuando nosotros llegamos nos concentramos en ministrar a la gente en vez de enredarnos con detalles en los que no necesitamos estar involucrados. Eso permite que nuestro ministerio sea mucho más fructífero.

En una ocasión planeamos una conferencia fuera de los Estados Unidos. Cuando nuestro empleado llegó, con varios meses de anticipación al evento, se dio cuenta de que el estadio que planeábamos utilizar estaba en un área de la ciudad donde era muy difícil entrar y salir. El tránsito podía ser bastante intenso antes y después de las reuniones; y sólo había una carretera para entrar y otra para salir del lugar, lo que significaba que la gente podía estar al menos cuatro horas en el tráfico para llegar a donde necesitaban ir. Enviar al empleado con meses de anticipación probó ser muy fructífero. Él pudo cambiar el lugar de reunión y ahorrarnos bastante tiempo.

Saber que alguien va delante de nosotros cuando viajamos es muy reconfortante para mí, y tengo la seguridad de que todo está como debe estar. Asimismo, saber que Dios va delante de mí en cada situación de mi vida me da alivio y confianza, y soy libre para vivir sin temor.

Por ejemplo, si fue citado a una audiencia judicial, debe comprender que Dios siempre irá adelante y entrará a la corte antes de que usted llegue. O si necesita confrontar a su patrón sobre alguna situación del trabajo, crea lo que dice la Palabra, que Dios irá delante de usted y preparará el camino, que Él le dará favor y aun le dará las palabras correctas para que usted hable cuando llegue el momento. Desate su fe en el Dios que va delante de usted, y crea que Él ha preparado el camino.

También le animo a que sea cuidadoso con sus

pensamientos cuando enfrente situaciones como éstas. A menudo oramos y pedimos a Dios que nos ayude, pedimos milagros, pero en nuestros pensamientos e imaginación, vemos desastre y fracaso. Necesitamos desechar toda idea que no esté de acuerdo con la Palabra de Dios. El salmista decía: *"Sean gratos los dichos de mi boca y la meditación de mi corazón delante de ti, oh Jehová..."*, (Salmo 19:14). Dios se complace con nuestros pensamientos y palabras cuando están de acuerdo con su Palabra.

Cuando necesitamos el poder de Dios para que nos ayude en una situación, no pedimos por algo positivo para luego ponernos a hablar de manera negativa acerca de las circunstancias. Es muy importante que pidamos lo que necesitamos, y después mantener nuestros pensamientos y palabras en línea con lo que hemos pedido, de acuerdo con la Palabra de Dios.

CAPÍTULO 13

Permanezca en posición

*Elías era hombre sujeto a pasiones semejantes a las
nuestras, y oró fervientemente para que no lloviese, y no
llovió sobre la tierra por tres años y seis meses. Y otra
vez oró, y el cielo dio lluvia, y la tierra produjo su fruto.*
Santiago 5:17-18

En 1 Reyes 17:1, Elías, el profeta de Dios, le dice
al malvado rey Acab que por mandato de la palabra
de Jehová, la tierra no volvería a tener lluvia durante
cierto tiempo. Estoy segura que él tuvo que armarse
de valor para darle tan malas noticias al rey, pero Elías
temía a Dios más que al hombre, y fue obediente en
llevar el mensaje.

Durante todo ese tiempo de sequía, Dios tuvo cuidado de Elías. Primero, lo escondió en el arroyo y envió
cuervos que le llevaran alimento (ver 1 Reyes 17:2-6).
Luego, cuando el arroyo se secó, Dios lo envió a la casa
de una pobre viuda, donde Él proveyó de manera milagrosa para la viuda, su hijo y Elías, hasta que Él decidió
enviar lluvia a la tierra nuevamente (ver 1 Reyes 17:7-24).

Transcurridos esos años, el Señor envió a Elías nuevamente ante el rey Acab para que le diera la noticia
de que volvería a llover otra vez. Acab era un hombre

muy malvado, y donde hay maldad siempre hay sequía y hambre de toda clase. Cuando la gente no sirve a Dios, siempre pasa algún tipo de necesidad, sea espiritual, emocional o física.

El mensaje de Elías a Acab

Entonces Elías dijo a Acab: Sube, come y bebe; porque una lluvia grande se oye.

1 Reyes 18:41

Dios había traído sequía y hambre sobre Israel para mostrar su poder a Acab. Quería que Acab y su esposa Jezabel supieran que debían cambiar sus perversos caminos. Y si no lo hacían, las cosas no iban a estar bien.

Después de tres años de hambre, Jehová envió a su profeta Elías para que fuera ante Acab y le anunciara que volvería a llover. No había ninguna señal de lluvia en el cielo, pero Elías obedeció y le dijo al rey Acab que se preparara porque la lluvia finalmente llegaría. Así que Elías y le dijo a Acab: "Mejor es que te prepares porque oigo una lluvia grande. Mejor es que estés preparado porque va a venir tremendo aguacero".

Observe que la sequía había durado tres años. En nuestras vidas hay ciertas pruebas que duran mucho más que otras. Nos gustaría que todas ellas fueran de corta duración, pero ése no es siempre el caso. Durante esos tiempos de pruebas largas, a menudo nos preocupamos. Sentimos que necesitamos ver alguna señal de parte de Dios, aunque sea una pequeña, de que Él está obrando en nuestra situación, y que pronto veremos nuestra liberación.

¿Qué se supone que debemos hacer durante esos momentos? Primero que nada, debemos hablar en fe. Podemos decir lo que necesitamos y queremos, y no lo que tenemos. Como Elías, debemos decir: "Está comenzando a llover". En otras palabras, cualquiera sea la bendición que necesitemos que Dios derrame en nuestras vidas, debemos declararla como si ya estuviera hecha. No mentimos al hacer esto, porque en el campo espiritual ya está sucediendo; simplemente, aguardamos a que se manifieste lo que Dios ya está haciendo. Si usted está con alguien que quizás no entienda sus declaraciones de fe, entonces simplemente diga: "Creo que Dios está haciéndose cargo de mi problema ahora mismo".

En realidad, no creo que Elías haya oído el sonido de la lluvia con sus oídos naturales. Lo escuchó en el Espíritu, por fe, no físicamente. Estaba atento al Espíritu de Dios y creyó lo que Él dijo, lo anunció a Acab, y comenzó a actuar *antes* de verlo manifestado.

Quizás usted también está esperando que se cumpla una palabra de parte de Dios. Quizás no vea nada todavía, pero ¿puede oír algo con sus oídos espirituales? ¿Puede creer por fe que su bendición ya viene en camino? El enemigo puede estar obstaculizando su bendición, pero el Espíritu Santo está presionando contra ese obstáculo ahora mismo, y está a punto de romperse.

Mantenga su posición

Y Elías subió a la cumbre del Carmelo, y postrándose en tierra, puso su rostro entre las rodillas. Y dijo a su criado: Sube ahora, y mira hacia el mar. Y él subió, y miró, y dijo: No hay nada. Y él le volvió a decir: Vuelve siete veces.

1 Reyes 18:42-43

Luego de anunciarle a Acab lo que iría a acontecer, que vendría una lluvia grande, Elías subió a la cumbre del Monte Carmelo. Allí, de rodillas, con su frente contra el suelo, en posición de adoración, Elías envió a su criado en varias ocasiones para que viera si había comenzado a llover.

¿No lo ve? Elías está postrado mientras su criado va y hace lo que se le indicó. Mientras buscaba en el horizonte para ver si venía la lluvia, él tal vez pensaría: *"Elías se ha equivocado esta vez. No está sucediendo nada en absoluto. ¿Por cuánto tiempo vamos a continuar esto que no tiene sentido?"*

Siete veces regresó el criado con malas noticias, pero Elías nunca se movió de su posición. Imagínese cómo se habrá sentido cada vez que el criado le traía el informe de que todavía no se veía caer la lluvia no caía. Pero en cada oportunidad, Elías sólo decía: "Vuelve otra vez".

El siervo de Elías puede haber dicho: "Elías, esta vez debes haberte equivocado con Dios, pues *no pasa nada*; no hay siquiera una nube".

Mas en cada ocasión, a pesar de los repetido informes negativos, Elías sólo decía: "Vuelve otra vez". ¡Se negaba a darse por vencido! Él permaneció ahí donde estaba: adorando a Dios.

Muchas veces, nuestro problema es que estamos en la posición correcta, pero cuando nuestras situaciones no parece cambiar lo suficientemente rápido, cambiamos de posición. Comenzamos a llamar a todos nuestros conocidos, preguntándoles qué hicieron ellos cuando atravesaron por circunstancias similares, o empezamos a razonar sobre cómo podemos cambiar las cosas. Debemos recordar que quienes confían en la carne serán decepcionados, pero los que ponen su confianza en Dios nunca serán defraudados o avergonzados (ver Romanos 10:11). Lo que debemos hacer es tomar nuestra posición en adoración y mantenernos firmes. En lugar de estar cambiando posiciones, debemos mirar y mantenernos mirando a las señales de que nuestra bendición ya viene de camino. En su tiempo, veremos a Dios moverse a nuestro favor.

La adoración fortalece nuestra fe. La duda podría

haber hecho que Elías se diera por vencido, pero su adoración lo mantuvo firme. Romanos 4:8-20 nos dice que Abraham no tenía absolutamente ninguna razón humana para tener esperanza. La duda y la incredulidad llegaron a su vida, pero no lo pudieron derrotar. Él se hizo fuerte mientras rendía alabanza y adoración a Dios. Parece que eso mismo le sucedió a cada uno de los valientes hombres y mujeres de la Biblia, quienes optaron por alabar y adorar a Dios en medio de sus batallas, y así podemos estar seguros que cuando también estemos pasando las nuestras, optemos por alabar y adorarle a Él.

Elías sobrepasó a su enemigo

A la séptima vez dijo: Yo veo una pequeña nube como la palma de la mano de un hombre, que sube del mar. Y él dijo: Ve, y di a Acab: Unce tu carro y desciende, para que la lluvia no te ataje. Y aconteció, estando en esto, que los cielos se oscurecieron con nubes y viento, y hubo una gran lluvia.

1 Reyes 18:44-45

Finalmente, la séptima vez, el criado de Elías regresó diciendo que había visto a lo lejos, en el horizonte, una pequeña nube del tamaño de la palma de la mano de un hombre. Creo que eso nos enseña que si usted y yo observamos atentamente, siempre podremos encontrar una nube de esperanza en nuestras circunstancias, aunque esta sea pequeña. No importa lo que parezcan las cosas, estoy segura de que hay al menos un poco de esperanza con la cual podamos sostenernos.

La nube que vio el criado de Elías debía parecer diminuta en la vasta expansión del cielo, pero fue suficiente para emocionar a Elías. Quizás debemos estar emocionados por lo que vemos, no importa cuán pequeño pueda ser, en vez de estar deprimidos por lo que todavía no vemos.

Tan pronto como recibió el informe de su criado, Elías fue lo bastante audaz para enviarlo a anunciarle a Acab que era mejor que se fuese a su casa, porque la lluvia venía en camino. Dicho y hecho, en corto tiempo los cielos se ennegrecieron con nubes, y una gran lluvia comenzó a caer. Entonces Elías comenzó a correr tan rápido que se le adelantó al carro de Acab hasta llegar a Jezreel, situada a casi veinte millas de distancia (1 Reyes 18:46). Usted puede imaginar la expresión del rostro de Acab, cuando de repente Elías le pasó por el lado corriendo, posiblemente con un ademán de manos diciéndole: "¡Te lo dije! ¡Nos vemos en Jezreel!".

Cuando el Espíritu de Dios vino sobre Elías, él fue capaz de aventajar y sobrepasar a su enemigo, el rey Acab. Había resistido el tiempo de prueba, cuando tuvo que creer lo que Dios dijo sin ver nada. Durante ese tiempo, él permaneció en su posición. Él había adorado a Dios durante todo el tiempo de la prueba, y nosotros debemos hacer lo mismo.

De igual modo, cuando el Espíritu de Dios viene sobre usted y sobre mí, somos capaces de aventajar a nuestro enemigo. El Espíritu de Dios viene sobre nosotros mientras adoramos; Él nos unge para sobrepasar a nuestro enemigo. Esto es parte del plan de batalla de Dios.

CAPÍTULO 14

Dios dispone para bien

Ustedes se propusieron hacerme mal, pero Dios dispuso todo para bien. Él me puso en este cargo para que yo pudiera salvar la vida de muchas personas.

Génesis 50:20, NTV

Quizás recuerde la historia de José en el Antiguo Testamento, quien fue exaltado para ser el segundo al mando, después del Faraón, sobre todo Egipto, luego de que sus hermanos lo vendieron como esclavo y le dijeron a su padre que había muerto. En un momento dado, cuando Dios había puesto a José en esa importante posición de autoridad en Egipto, sus hermanos vinieron a Egipto para comprar granos, a causa del hambre que José había predicho que vendría. Más tarde, José hizo arreglos para que su padre Jacob, sus hermanos y todas sus familias vinieran a vivir en paz y prosperidad en Egipto.

Cuando su padre Jacob murió, los hermanos de José tenían miedo de que él fuera a vengarse de ellos por haberlo vendido como esclavo años antes. En Génesis 50:20, José les brinda confianza expresándoles su perdón. En adición a perdonarlos, él también les demuestra su buena actitud, diciéndoles básicamente:

"Ustedes hicieron esto para mal, pero Dios lo utilizó para bien, para salvar a mucha gente del hambre".

Es asombroso ver cuántas veces Satanás nos tiende una trampa, tratando de causarnos daño y destrucción. Pero cuando Dios interviene, toma lo que Satanás intentó usar para destruirnos y lo torna de modo que resulte para nuestro bien. Ningún ser humano puede hacer que las cosas resulten de esa manera, pero Dios sí. Él puede tomar cada situación negativa y, mediante su poder milagroso, usarla para hacernos más fuertes y más peligrosos para el enemigo de lo que hubiéramos sido sin ella.

Mi propia experiencia demuestra esto. Yo fui sexual, mental y emocionalmente abusada durante muchos años en mi niñez. Ciertamente, es terrible que algo así haya podido pasarle a una niña, y definitivamente fue una obra de Satanás, pero Dios lo dispuso para bien. Mi desorden se ha convertido en mi mensaje; mi miseria se ha convertido en mi ministerio, y estoy usando la experiencia que gané de mi dolor para ayudar a multitudes de otros que están heridos.

Lo animo a que no malgaste su dolor. Dios lo usará si usted se lo entrega. Él me ha dado belleza en lugar de cenizas, como prometió hacerlo en Isaías 61:3, pero tuve que salir de las cenizas. Tuve que aprender a tener una buena actitud, como hizo José, y tuve que aprender a salir de la amargura, del resentimiento y de la falta de perdón hacia la gente que me hirió.

Si Satanás ya lo ha herido, no permita que el dolor continúe y siga dejándole amargura. Cuando odiamos a la gente, solamente nos estamos hiriendo a nosotros mismos cada vez más. Y sucede que la gente con quien estamos enojados sigue disfrutando sus vidas, sin tener la menor idea de lo que sentimos por ellos. Recuerde, Dios es su Defensor, y cuando llegue el momento, Él traerá justicia. Al final los mansos heredarán la tierra, y los enemigos de Dios perecerán (ver Salmo 37).

Veamos la historia de Ester y su pueblo, como otro ejemplo de cómo Dios sacó provecho del mal.

El plan de satanás para mal

Y vio Amán que Mardoqueo ni se arrodillaba ni se humillaba delante de él; y se llenó de ira. Pero tuvo en poco poner mano en Mardoqueo solamente, pues ya le habían declarado cuál era el pueblo de Mardoqueo; y procuró Amán destruir a todos los judíos que había en el reino de Asuero, al pueblo de Mardoqueo.

Ester 3:5-6

Si usted está familiarizado con esta historia, debe recordar que Ester, la prima e hija adoptiva de un judío llamado Mardoqueo, había sido escogida por el rey Asuero para ser la reina de su dominio. ¿Cómo sucedió esto? Fue seleccionada como una joven virgen

para ser parte del harén del rey, y estoy segura de que
ése no era el plan que ella tenía para su vida. La situación probablemente la amedrentó, y estoy segura que
se sintió desdichada en ese momento. Permaneció un
tiempo allí, mientras la preparaban para presentarla al
rey. Cuando llegó el momento, Dios le dio favor ante él,
y fue escogida para ser la reina. Poco sabía Ester que
Dios la estaba posicionando para salvar a su nación.

A menudo hemos pensado un plan para nuestras
vidas, pero sucede algo que lo interrumpe. Nos resis-
timos al cambio y estamos descontentos con él, pero, no
importa lo que hagamos, esta nueva situación parece ser
la voluntad de Dios para nosotros. No podemos imaginar cómo podrá resultar para bien, pero Dios tiene
pensado un plan mucho mejor que el nuestro.

Mardoqueo, el hombre que crió a Ester, era un
asistente de la corte real, y tenía un enemigo llamado
Amán, el más alto oficial del rey. Como Mardoqueo se
negó a inclinarse ante él, Amán se enfureció y urdió un
plan para destruir no solo a Mardoqueo, sino a todos
los judíos con él —sin tener en cuenta que la reina
Ester era judía y prima de Mardoqueo.

En la Biblia, algunos personajes son tipos y sombras,
o ejemplos de los enemigos de Dios; y en esta historia,
Amán representa al mismo diablo. Amán tenía un
plan para destruir al pueblo de Dios, así como Satanás

tiene un plan para destruirnos a nosotros, porque pertenecemos a Dios.

En la situación de Ester, la Biblia nos dice que ella estaba atemorizada por el decreto que Amán había emitido contra el pueblo judío. Sin embargo, Mardoqueo le dijo que era precisamente para esa hora que había sido llamada a ser reina (ver Ester 4:14). En otras palabras, ése era su destino.

Además, Mardoqueo le dijo que si no hacía lo que Dios le estaba pidiendo, perecería con todos los demás judíos. Ester accedió a hacer lo que fuera necesario. Tomándose un gran riesgo, Ester invitó al rey y a Amán a una cena íntima, donde esperaba exponer el plan diabólico de Amán al rey.

Mardoqueo era un maravilloso hombre de Dios, quien en una oportunidad había salvado la vida del rey al denunciar un complot organizado contra él por dos de sus eunucos. El hecho se había registrado en el libro de las memorias y crónicas en la presencia del rey, pero nunca había sido recompensado por ello (ver Ester 2:21-23). Más tarde veremos cómo Dios recompensó a Mardoqueo por descubrir este plan diabólico.

Mardoqueo fue un hombre llamado y ungido por Dios para traer la liberación del pueblo de Dios, así como en este tiempo usted y yo hemos sido llamados y ungidos por Dios para traer liberación y ayuda a otros.

Como hemos visto, Amán representa a Satanás. Así como Amán tenía un plan para destruir a Mardoqueo y los judíos, igualmente Satanás tiene un plan para nuestra destrucción.

En Ester 5:14 vemos el plan que le presentan a Amán para destruir a Mardoqueo:

Y le dijo Zeres su mujer y todos sus amigos: Hagan una horca de cincuenta codos de altura, y mañana di al rey que cuelguen a Mardoqueo en ella; y entra alegre con el rey al banquete. Y agradó esto a los ojos de Amán, e hizo preparar la horca.

Recuerde que aparte de planificar personalmente la muerte de Mardoqueo, Amán, con el permiso del rey, ya había emitido y proclamado por todo el reino, la orden de que en cierta fecha determinada todos los judíos debían ser asesinados y sus posesiones confiscadas. Ester 3:13 dice que "fueron enviadas cartas por medio de correos a todas las provincias del rey, con la orden de destruir, matar y exterminar a todos los judíos, jóvenes y ancianos, niños y mujeres, en un mismo día, [...] y de apoderarse de sus bienes".

Así que Amán había urdido un plan para la completa destrucción del pueblo de Dios, y al parecer la orden no podía ser cambiada, porque se había emitido bajo la autoridad del rey. Pero Dios tenía un plan distinto, y comenzó a ponerlo en acción.

El plan de Dios para bien

Aquella misma noche se le fue el sueño al rey, y dijo que le trajesen el libro de las memorias y crónicas, y que las leyeran en su presencia. Entonces hallaron escrito que Mardoqueo había denunciado el complot de Bigtán y de Teres, dos eunucos del rey, de la guardia de la puerta, que habían procurado poner mano en el rey Asuero. Y dijo el rey: ¿Qué honra o qué distinción se hizo a Mardoqueo por esto? Y respondieron los servidores del rey, sus oficiales: Nada se ha hecho con él.

Ester 6:1-3

Una noche cuando el rey no podía dormir, hizo que alguien le leyera el Libro de las Crónicas, y escuchó que Mardoqueo previamente había descubierto el complot para hacerle daño al rey. Usted y yo necesitamos recordar que siempre que hagamos cualquier cosa buena, aunque sea en secreto, Dios la tiene anotada. Él no se olvidará. Llegará el día en que nuestras buenas obras serán expuestas a la luz.

Cada vez que hemos orado por otros o les hemos dado algo; cada vez que nos hemos sometido a la autoridad cuando podíamos habernos rebelado contra ella; cada vez que hemos confesado la Palabra de Dios cuando todas nuestras emociones nos gritaban que dijéramos cosas negativas; cada acto de obediencia es anotado y será recompensado. Cada vez que hemos tomado nuestra posición de fe, adoración y buena actitud; cada vez que le hemos ofrecido a Dios sacrificio de alabanza, Él se acuerda. Él no se olvida de las cosas que hemos hecho bien, con corazones puros y actitudes correctas (ver Hebreos 6:10).

Mardoqueo había realizado algunas buenas obras, pero no alardeó de ellas. Las había hecho en secreto, para el Señor. La Biblia nos enseña que no dejemos que nuestra mano derecha sepa lo que está haciendo nuestra mano izquierda (ver Mateo 6:3). Eso significa hacer lo que sentimos que Dios nos dirige a hacer; que lo hagamos para su gloria, luego olvidarlo y continuar con nuestra labor. Significa no darnos una palmadita en la espalda y contar a otros lo que hemos hecho, sino simplemente saber que nuestra recompensa vendrá de Dios en el momento oportuno.

Dos planes entran en conflicto

Entonces dijo el rey: ¿Quién está en el patio? Y Amán había venido al patio exterior de la casa real, para hablarle al rey para que hiciese colgar a Mardoqueo en la horca que él le tenía preparada. Y los servidores del rey le respondieron: He aquí Amán está en el patio. Y el rey dijo: Que entre. Entró, pues, Amán, y el rey le dijo: ¿Qué se hará al hombre cuya honra desea el rey? Y dijo Amán en su corazón: ¿A quién deseará el rey honrar más que a mí?.

Ester 6:4-6

Ahora vemos cómo el escenario se va armando en su lugar. Vemos cómo el diablo, representado por Amán, está trabajando en su plan, y también cómo Dios está trabajando en el suyo.

Como Amán estaba tan lleno de orgullo, ni podía imaginar que el rey quisiera honrar a alguien que no fuera él. Así que pensó: "Estoy a punto de ser realmente bendecido, así que debo pedir algo que sea tremendamente bueno".

Amán le sugirió al rey que para aquella persona que él deseaba honrar se le debía poner el vestido real del cual el rey se vestía, el caballo del cual el rey cabalgaba, y la corona real. Él también recomendó que alguno de los príncipes más nobles del rey guiara al hombre honorable por la ciudad y pregonara delante de él: *"Así se hará al varón cuya honra desea el rey"* (Ester 6:9).

Lo que el rey, quien en esta historia representa al Señor, le estaba diciendo a Amán, era: "Cada bendición que planificaste para ti, ahora se la vas a otorgar a Mardoqueo. Tú vas a ser testigo de cómo lo bendigo". Cuando Dios decide bendecir a alguien, ninguna persona en la tierra lo puede parar.

Satanás tiene pensadas algunas trampas asquerosas para cada uno de nosotros. Él tiene un plan para nuestra destrucción total, como lo tuvo Amán para Mardoqueo y los judíos. Pero Dios también tiene un plan para cada uno de nosotros, y el plan de Dios no podrá ser impedido.

El plan de Dios prevalece

Y Amán tomó el vestido y el caballo, y vistió a Mardoqueo, y lo condujo a caballo por la plaza de la ciudad, e hizo pregonar delante de él: Así se hará al varón cuya honra desea el rey. Después de esto Mardoqueo volvió a la puerta real, y Amán se dio prisa para irse a su casa, apesadumbrado y cubierta su cabeza.

Ester 6:11-12

Pero ese no es el final de la historia. No sólo el Señor "le dio vuelta a la tortilla" de Amán, dándole a Mardoqueo el honor que había planificado para sí mismo, sino que también le devolvió a Amán el plan diabólico que éste había preparado para Mardoqueo.

Cuando Amán concurrió a la cena, invitado por la reina Ester, ella reveló al rey la malvada conspiración para aniquilar a su pueblo. Como resultado, el rey hizo que colgaran a Amán de la horca que había construido para Mardoqueo. Ester había adorado a Dios mediante su obediencia y buena voluntad para permanecer en la situación que le desagradaba. Estuvo dispuesta a dejar a un lado su propio plan y aceptar el plan de Dios, aunque de momento no lo entendiera. Cada acto de obediencia es una forma de adoración que Dios no ignora.

Así como los enemigos de Josafat y de Gedeón terminaron matándose unos a otros, así el plan de Amán fue contraproducente para él. Él obtuvo lo que estaba tratando de hacerle a Mardoqueo y a los judíos.

Así que al final, Mardoqueo terminó en la casa de Amán, que le había sido dada a Ester por el rey, y Ester se la dio a Mardoqueo (ver Ester 8:1-2). El rey también dio permiso y autoridad a la reina Ester y a Mardoqueo para que hicieran un decreto y enviaran cartas en su nombre, por todo el reino, para contrarrestar las órdenes emitidas por Amán, de que los judíos fueran asesinados y sus posesiones confiscadas.

Cuando mantenemos nuestros ojos en Dios, nos sostenemos firmes en la fe, continuamos adorando, y seguimos creyendo y declarando la Palabra de Dios, veremos que el plan que el diablo había trazado para dañar nuestras vidas trabaja para nuestro bien.

Cuando todo terminó, los judíos fueron honrados y bendecidos, la reina Ester fue aún más admirada y respetada por el rey, y Mardoqueo fue elevado a segundo en el mando, sólo después del propio rey.

Observe que dije: "cuando todo terminó". Cualquier cosa difícil que pueda estar pasando ahora en su vida, a su tiempo terminará. Como dice el dicho: "¡Todo pasa!". Le animo a que mire más allá del dolor, hacia el gozo de obtener la victoria y la recompensa.

Creo que la palabra de aliento que encierra la historia de Ester y Mardoqueo, y todo lo que he enseñado en este libro, es algo que mucha gente necesita ahora, quizás usted mismo. No importa por lo que esté atravesando o qué tormentas está enfrentando, tome su posición. No se dé por vencido. Párese firme. Entre en el reposo de Dios. Vea la salvación del Señor. Deje de preocuparse y tratar de entender todo lo que está ocurriendo en su vida. Y más que nada, adore a Dios. Recuerde, no importa cuál sea su batalla, no es suya; la batalla le pertenece al Señor y Él tiene un plan para darle la victoria.

CONCLUSIÓN

Creo que como resultado de leer este libro, usted comenzará a manejar sus pruebas, problemas y batallas de su vida de una manera totalmente diferente, de las que pudo haberlas manejado antes. Porque ahora usted entiende el plan de batalla de Dios. Aunque esté enfrentando tentaciones en su vida, cuando adora a Dios será fortalecido para resistirlas. En este libro, le he compartido algunas verdades que le ayudarán a disfrutar mejor su vida y su relación con Dios mucho más que antes. El más alto llamado de cada creyente es poder disfrutar a Dios y disfrutar nuestra comunión con Él.

Si estamos preocupados o tratamos de ver cómo resolvemos nuestros problemas en nuestras fuerzas, no estamos teniendo comunión con Dios. Recuerdo una mañana en que me senté en la silla donde oro diariamente, y comencé a preocuparme por cómo estaba mi situación en ese momento y a reflexionar qué podía hacer al respecto. De pronto, escuché aquella tenue vocecita dentro de mi espíritu, preguntándome: "Joyce, ¿vas a tener comunión con tu problema o conmigo?". Dios estaba dispuesto a manejar mi problema si yo estaba dispuesta a olvidarlo y pasar mi tiempo con Él. Tuve que acordarme de adorar, no de preocuparme.

Creo que usted va a comenzar a hacer rápidos progresos en su vida como resultado de las lecciones que ha aprendido en este libro, tanto que se asombrará. Creo que su vida será más fácil desde este momento en adelante. No quiero decir que nunca más va a experimentar pruebas y tentaciones, sino que, mientras usted adora a Dios, encontrará que lo que llamo un "alivio santo" se manifestará en su vida. Para los adoradores todo es más fácil. Mientras adoramos, nuestras cargas son quitadas, y quedamos libres para disfrutar donde estamos camino a donde vamos.

Recuerde, Dios es por usted. Él tiene un plan de batalla seguro para liberarlo, aun antes de que se enfrente a las tormentas de la vida. Él ya ha preparado el camino para su liberación y la victoria que necesita. ¡Así que adore al Señor hasta que obtenga la victoria!

NOTAS

1.   Definición según el *Diccionario Expositivo de palabras del Antiguo y Nuevo Testamento Exhaustivo de Vine*, (Nashville: Thomas Nelson, Inc., 1998), p. 639, s.v. "transfigurar," "transformar".

2.   Rick Renner. *Sparkling Gems From the Greek* [Gemas resplandecientes del griego], (Tulsa, OK: Harrison House and Teach All Nations, 2003), 548.

Joyce Meyer es una de las maestras de la Biblia líderes en el mundo. Su programa diario, *Disfrutando la vida diaria*, se transmite por cientos de canales de televisión y estaciones de radio en todo el mundo.

Joyce ha escrito más de 100 libros inspiradores. Algunos de sus superventas son: *Dios no está enojado contigo; Cómo formar buenos hábitos y romper malos hábitos; Hazte un favor a ti mismo...perdona; Vive por encima de tus sentimientos; Pensamientos de poder; El campo de batalla de la mente; Luzca estupenda, siéntase fabulosa* y *Mujer segura de sí misma*.

Joyce viaja extensamente, teniendo congresos a lo largo del año, hablando a miles de personas alrededor del mundo.

Joyce Meyer Ministries
P.O. Box 655
Fenton, MO 63026
USA
(636) 349-0303

Joyce Meyer Ministries—Canadá
P.O. Box 7700
Vancouver, BC V6B 4E2
Canada
(800) 868-1002

Joyce Meyer Ministries—Australia
Locked Bag 77
Mansfield Delivery Centre
Queensland 4122
Australia
(07) 3349 1200

Joyce Meyer Ministries—Inglaterra
P.O. Box 1549
Windsor SL4 1GT
United Kingdom
01753 831102

Joyce Meyer Ministries—Sudáfrica
P.O. Box 5
Cape Town 8000
South Africa
(27) 21-701-1056